KB273142

20대의 정치노트

-내가 경험한 대한민국의 권력, 신념, 그리고 변화-

임서하 지음

브릿지프레스 (Bridge Press)

20대의 정치노트

발행일   2025년 11월 30일

지은이   임서하

출판사   브릿지브레스

ISBN   979-11-996031-1-0

출판등록   제2025-000148호 (2025년 11월 18일)

이메일   seoha2647@naver.com

ⓒ 임서하 2025

All rights reserved.

본 책 내용의 전부 또는 일부를 재사용하려면
반드시 저작권자의 동의를 받으셔야 합니다.

목차

1부

1부 프롤로그: 나는 보수였고, 보수이다. 9

1부 1장: 노무현 — 진심의 시대를 바라보며 15

1부 2장: 이명박 — 효율과 성장의 그림자 24

1부 3장: 박근혜 — 신뢰의 상징에서 불신의 상징으로 33

1부 4장: 문재인 — 이상이 현실을 만났을 때 45

1부 5장: 윤석열 — 냉소의 정치, 그리고 피로한 세대 61

1부 6장: 이재명 — 이상과 현실의 경계에 선 정치인 76

1부 에필로그: 시간을 지나, 가치를 묻다 86

2부

2부 프롤로그: 가치를 묻는 열두 개의 질문 95
2부 1장: 안보 — 힘과 평화 사이에서..................... 102
2부 2장: 한미 관계 — 동맹의 무게를 배우다...................... 114
2부 3장: 한일 관계 — 과거를 기억하며 미래를 묻다............... 126
2부 4장: 민주주의 — 이상과 현실 사이에서...................... 143
2부 5장: 공정 — 무엇이 공정한가 159
2부 6장: 자유 — 모든 가치의 시작...................... 167
2부 7장: 평등 — 같음과 다름 사이에서...................... 179
2부 8장: 성평등 — 페미니즘을 넘어 이퀄리즘으로.................. 188
2부 9장: 복지 — 시혜가 아닌 권리...................... 197
2부 10장: 부동산 — 집은 인권인가, 자산인가...................... 207
2부 11장: 청년 정치 — 우리 세대의 목소리 218
2부 12장: 기회 — 노력이 보상받는 사회.................. 229
2부 에필로그: 보수로 산다는 것 — 20대의 정치 노트를 마치며.. 238

1부

프롤로그: 나는 보수였고, 보수이다.

스물다섯이 되던 해, 나는 처음으로 내 정치적 이력서를 써 보았다. 초등학교 입학 전까지는 노무현을 TV 로 보며 자랐고, 초등학생 때는 이명박이 대통령이었으며, 중학생 때 박근혜를 지켜봤고, 고등학생 시절에는 문재인 정부 아래 살았으며, 대학에 입학할 즈음 윤석열을 목격했고, 지금 대학과 직장을 병행하는 이 순간은 이재명 정부다. 그리고 2024 년 12 월 3 일 밤, 나는 역사의 한복판에서 계엄령을 목격했다.

이상한 일이다. 나는 한 번도 정치를 좋아한 적이 없는데, 내 인생은 늘 정치와 함께 흘러왔다. 정치는 내가 선택한 관심사가 아니었다. 그저 태어나면서부터 내 삶의 배경음악처럼 흐르고 있었을 뿐이다. 마치 공기처럼, 눈에 보이지 않지만 항상 존재하며 내 호흡에 영향을 미쳤다.

부동산이 곧 정치였던 집

우리 집은 부동산과 밀접한 집안이었다. 할머니 세대부터 이어진 작은 부동산 사업은 우리 가족의 생계를 책임졌고, 그래서인지 집안은 유독 정치에 민감했다. 정부가 바뀔 때마다 부동산 정책이 달라졌고, 그 정책은 우리 가족의 생계와 직결되어 있었다. 양도세율이 오르내리고, 대출 규제가 강화되거나 완화될 때마다, 저녁 식탁의 분위기가 달라졌다. 정치는 뉴스 속 이야기가 아니라, 우리 집 현관문을 열고 들어오는 현실이었다.

아버지는 늘 퇴근하시고 오면 TV를 켰다. 채널은 언제나 뉴스였다. 처음에는 왜 저런 걸 보시는지 몰랐다. 지루한 화면 속에서 정치인들은 딱딱한 표정으로 어려운 말들을 쏟아냈고, 나는 그저 예능 프로를 보고 싶을 뿐이었다. 하지만 시간이 지나며, 나도 모르게 아버지 옆에 앉아 있었다. 처음에는 자막을 읽는 것만으로도 재미있었다. 나중에는 화면 속 사람들의 표정과 말투가 궁금해졌다. 그리고 어느 순간부터는, 아버지가 한숨을 쉬는 이유를 이해하게 되었다.

그렇게 나는 세상과 정치에 관심을 가지게 되었다. 학교에서 배운 것이 아니라, TV가 있던 안방에서. 교과서가 아니라 뉴스 자막으로. 선생님이 아니라 아버지의 한숨으로. 정치는 내게 선택의 문제가 아니라 자연스러운 일상이었다.

문재인 정부의 6·17 부동산 대책을 기억한다. 재수생이던 나는, 그날 저녁 뉴스를 보며 처음으로 정책에 대해 본격적으로 분노했다. 다주택자 규제 강화, 양도세 중과, 종합부동산세 인상. 화면 속에서 쏟아지는 규제 정책들은 우리 집에 직격탄이었다. 아버지의 표정이 어두워졌고, 나는 그때 깨달았다. 정책은 숫자가 아니라 사람의 삶이라는 것을.

대통령들의 얼굴

노무현 대통령에 대한 기억은 단편적이다. 어린 시절 TV 화면 속에서 본 그는, '사람다운 정치인'이라는 이미지로 남아 있다. 왜 그런 이미지를 받았는지는 정확히 설명할 수 없다. 아마도 그의 말투, 표정, 그리고 그를 둘러싼 어른들의 반응이 만들어낸 인상이었을 것이다.

이명박 대통령은 '깔끔한 사람'이었다. 초등학생이었던 나에게 그는 정돈된 양복과 단호한 말투로 기억된다. 4 대강 사업, 경제 살리기, 실용 정치. 그때는 그 단어들의 의미를 제대로 이해하지 못했지만, 어른들이 그에 대해 이야기하는 톤만으로도 그가 어떤 사람인지 짐작할 수 있었다.

박근혜 대통령 시절, 나는 중학생이 되었다. 그리고 2014 년 4 월 16 일, 열네 살의 나는 세월호 참사를 목격했다. 그날은 내가 새로 진학한 중학교에서 사귄 친구의 생일이었다. 하교 후 학교 앞 분식집에서 우리는 떡볶이를 먹으며 생일을 축하했다. 우리가 떡볶이에 빠져 있는 사이 켜진 TV 에서는 뉴스 속보가 흘러나왔다. '여객선 세월호 침몰... 수백 명 탑승.' 우리는 떡볶이 먹는 손을 멈추고 화면을 바라봤다. 그 순간이 내 정치적 감각의 시작이었는지도 모른다.

2016 년, 열여섯 살의 나는 최순실 사태를 지켜봤다. 그때까지 나는 분명히 보수였다. 하지만 그 사건 앞에서는 진영 논리가 무의미했다. 보수 정당을 지지하던 나였지만, 탄핵에 찬성했다. 그것이 옳은 일이라고 생각했다. 그리고 그 순간, 내 안의 확신에 균열이 생기기 시작했다. 보수 정당이 무너지는 것을 목격하며, 나는 처음으로 혼란스러워졌다. 내가 지지했던 것은 정당이었나, 아니면 가치였나?

문재인 정부 시절, 나는 고등학생이었다. 진보 정권에 대한 약간의 기대도 있었다. 하지만 시간이 지날수록, 나는 그 정권을 비판적으로 바라보게 되었다. 부동산 정책도 그랬지만, 결정적이었던 것은 조국 사태였다. 2019 년, 열아홉 살의 나는 분노했다. '공정'을 외치며 정권을 잡은 사람들이, 정작 자신들은 그 공정함을 저버렸다. 위선이었다. 그 위선 앞에서 나는 환멸을 느꼈다. 이상을 이야기하는 사람들이, 현실에서는 가장 이상적이지 않았다.

윤석열 정부에 대한 기억은 단순하다. 싸움. 끊임없는 대립과 갈등. 여야의 싸움, 정부와 국회의 싸움, 언론과 권력의 싸움. 대학생이 되고 직장을 다니기 시작한 나는, 그 싸움들을 보며 피로를 느꼈다. 누가 옳고 그른지는 더 이상 중요하지 않았다. 그저 지쳤다.

고등학교 기숙사, 우리만의 정치 토론장

고등학교 시절, 나는 기숙사 생활을 했다. 취침 시간이 되면, 우리는 각자의 침대에 누워 속삭이듯 이야기를 나눴다. 그 시간은 우리만의 정치 토론장이었다. 진보와 보수, 자유와 평등, 개인의 책임과 사회의 역할. 우리는 십 대의 언어로 이념을 이야기했다.

나는 주로 보수적 입장을 옹호했다. "열심히 하면 되는 거 아냐?", "능력 있는 사람이 더 받는 게 당연하지.", "공정하려면 결과가 아니라 기회를 균등하게 해야지." 내 논리는 단순했지만, 그 시절의 나는 그것이 진리라고 믿었다. 친구들은 반박했다. "태어날 때부터 기회가 다른데 무슨 공정이야?", "약자를 보호하는 게 국가의 역할 아냐?" 우리는 합의에 이르지 못했지만, 그 대화들은 내게 소중한 배움이었다.

지금 돌아보면, 그때의 나는 확신에 차 있었다. 세상을 이분법으로 나누고, 내가 선 쪽이 옳다고 믿었다. 하지만 세월호를 보고, 최순실 사태를 겪고, 조국 사태를 목격하며, 그 확신은 조금씩 흔들렸다. 이제 나는 더 이상 쉽게 확신하지 못한다.

나를 만든 세 개의 순간

스물다섯 해를 살아오며, 나에게는 세 개의 결정적 순간이 있었다. 첫 번째는 세월호였다. 열네 살, 학교 앞 분식집에서 본 그 뉴스는 내게 정치가 삶과 죽음의 문제라는 것을 가르쳐 주었다. 정치는 추상적인 이념 싸움이 아니라, 누군가의 생명을 지키거나 잃게 만드는 현실이었다.

두 번째는 박근혜 대통령의 퇴진이었다. 열여섯 살, 나는 보수 정당이 무너지는 것을 목격했다. 그리고 내 안의 확신도 함께 흔들렸다. 보수여도 비판할 수 있고, 지지했던 사람을 떠나보낼 수 있다는 것을 배웠다. 정치적 정체성은 맹목적 지지가 아니라 끊임없는 질문이어야 한다는 것을 깨달았다.

세 번째는 12 월 3 일 계엄의 밤이었다. 스물다섯 살, 나는 역사가 현재 진행형이라는 것을 체감했다. 우리가 살고 있는 이 순간들이 훗날 누군가의 교과서에 실릴 것이다. 그리고 나는 그 역사의 증인이다.

나는 여전히 보수인가

중학생 때부터 나는 스스로를 보수라고 정의해 왔다. 원칙, 책임, 능력주의, 자유 시장. 이런 가치들이 내게는 중요했다. 지금도 여전히 그렇다고 말할 수 있다. 하지만 동시에, 나는 보수 정당을 지지하지 않는다.

이상한 말처럼 들릴 수 있다. 보수인데 보수 정당을 지지하지 않는다니. 하지만 이것이 지금의 나다. 나는 가치로서의 보수를 믿지만, 현실 정치에서의 보수 정당은 신뢰하지 않는다. 그들이 말하는 원칙은 때로 위선이었고, 그들이 외치는 자유는 특정 계층만의 자유였으며, 그들이 강조하는 책임은 약자에게만 강요되는 책임이었다.

그렇다고 내가 진보가 되었다는 것은 아니다. 진보 정권의 위선도 목격했고, 이상주의의 한계도 경험했다. 부동산 대책으로 고통받는 우리 집을 보았고, 조국 사태로 공정이 배신당하는 것을 느꼈다. 진보의 가치는 아름답지만, 현실에서는 때로 가혹했다.

그렇다면 나는 무엇인가? 남들이 나를 뭐라고 부를지는 모르겠다. 중도라고 할 수도 있고, 회의주의자라고 할 수도 있으며, 혼란스러운 청년이라고 할 수도 있다. 하지만 나는 이렇게 답하고 싶다.

나는 보수 정당을 지지하지 않는 보수이다. 나는 가치를 믿지만 정당을 불신하는 사람이다. 나는 원칙을 중요하게 여기지만 현실의 복잡함을 인정하는 사람이다.

이 책을 쓰는 이유

나는 여전히 혼란스럽다. 누구를 지지해야 할지, 무엇을 믿어야 할지 확신할 수 없다. 하지만 이제는 안다. 혼란스러워하는 것조차 하나의 정치적 태도라는 것을. 성급하게 진영을 선택하는 대신, 계속 질문하고 고민하는 것이 때로는 더 진실한 방식이라는 것을.

이 책은 정치학 교과서가 아니다. 정치 평론도 아니다. 이것은 스물다섯 살한 청년이, 자기 삶을 돌아보며 쓴 정치적 자서전이다. 완벽한 답을 제시하지 못한다. 오히려 더 많은 질문을 던질 것이다.

그래서 나는 이 책을 쓴다. 나와 같은 20대에게, 그리고 한때 20대였던 모든 이들에게. 우리가 살아온 정치의 시간을 기억하기 위해. 그리고 앞으로 우리가 만들어 갈 정치를 상상하기 위해.

세월호를 보았고, 광장에 섰으며, 계엄을 목격한 우리 세대. 확신하지 못하지만 질문하기를 멈추지 않는 우리 세대. 진영 논리에 갇히지 않고 가치로 세상을 보려는 우리 세대. 이 책은 바로 그 세대의 기록이다.

나는 보수였고, 보수이다. 하지만 그 보수의 의미를, 나는 여전히 찾아가는 중이다.

1부 1장: 노무현 ─ 진심의 시대를 바라보며

내 기억 속 가장 오래된 대통령은 노무현이다. 김대중은 기억나지 않는다. 아마 내가 너무 어렸거나, 아직 TV 앞에 앉을 나이가 아니었을 것이다. 그래서 노무현은 내가 처음 마주한 '대통령'이었고, 그것은 곧 내가 처음 마주한 '세상'이자 '정치'였다.

여섯 살, TV 속 따뜻한 사람

내 기억은 여섯 살 무렵부터 시작된다. 초등학교 입학 전이었으니, 나는 아직 한글도 서툴렀을 것이다. 하지만 TV 화면 속 그 사람의 얼굴은 지금도 선명하다. 부드러운 미소, 그리고 조금은 특이했던 말투. 그때는 사투리라는 개념을 몰랐다. 그냥 다른 어른들과는 말하는 방식이 다르다고만 생각했다.

아버지는 퇴근하시면 늘 TV 를 켰고, 채널은 뉴스였다. 여섯 살 아이에게 뉴스는 지루한 것이었지만, 나는 아버지 옆에 앉아 있곤 했다. 그리고 그 화면 속에서 노무현을 보았다. 어린 내가 봐도 그는 따뜻한 사람처럼 보였다. 덜 무섭고, 더 친근하고, 뭔가 우리 할아버지 같기도 한 사람.

그때는 몰랐다. 노무현이 어떤 사람인지, 그가 무엇을 했는지, 왜 누군가는 그를 사랑하고 누군가는 그를 미워하는지. 나는 그저 TV 속 그 사람이 다른 어른들과는 조금 다르다는 것만 느꼈다. 지금 와서 돌이켜보면, 그 '다름'이 무엇이었는지 알 것 같다. 그는 권력자처럼 보이지 않았다. 정치인처럼 말하지 않았다. 그냥 한 사람, 노무현으로 보였다.

아버지는 지금도 가끔씩 이야기하신다. "노무현은 정말 기억에 남는 대통령이야." 그 말을 들을 때마다 나는 고개를 끄덕인다. 여섯 살 아이의 기억 속에도 남을 만큼, 그는 특별했다.

가물가물한 시간들

솔직히 고백하자면, 노무현 정부 시절의 구체적인 사건들은 잘 기억나지 않는다. 여섯 살에서 열 살 사이, 그 시기의 나는 세상을 이해하기에는 너무 어렸다. 부동산 정책이 어떠했는지, 우리 집이 그 정책에 어떤 영향을 받았는지, 부모님이 어떻게 평가하셨는지—이 모든 것은 내 기억 밖의 일이다.

기억나는 것은 단편적이다. TV 화면, 아버지의 뒷모습, 뉴스 자막. 하지만 그 내용이 무엇이었는지는 가물가물하다. 어쩌면 당시에는 이해조차 하지 못했을 것이다. 대통령이 무엇을 하는 사람인지, 정치가 무엇인지, 정책이 우리 삶에 어떤 영향을 미치는지—그런 것들은 열 살 아이가 알 수 있는 범위를 벗어나 있었다.

하지만 이상하게도, 노무현이라는 사람 자체는 기억에 남았다. 그의 얼굴, 목소리, 분위기. 구체적인 정책은 몰라도, 그 사람이 주는 느낌은 알 수 있었던 것 같다. 아이들은 때로 어른들보다 더 직관적이니까.

2009 년 5 월 23 일, 초등학교 2 학년

그리고 2009 년 5 월 23 일이 왔다. 나는 초등학교 2 학년이었다. 아홉 살. 그날의 기억은 정말 단편적이다. TV 에서 속보가 나왔던 것, '서거'라는 단어를 처음 들었던 것. 그 단어가 죽음을 의미한다는 걸 이해하는 데는 시간이 좀 걸렸다. 어른들은 '돌아가셨다', '세상을 떠나셨다'고 말했지만, 아홉 살 아이에게 그 말들은 여전히 추상적이었다.

TV 속에서 사람들이 울었다. 광장에 모여 그를 그리워하며 오열하는 사람들. 어린 나는 왜 저렇게까지 우는지 이해할 수 없었다. 대통령은 그저 TV 속 사람인데, 내가 아는 사람도 아닌데. 왜 저렇게 슬퍼할까?

하지만 어른들은 달랐다. 우리 집 어른들도, 학교 선생님들도, 동네 사람들도 모두 아쉬워했다. 정확히 무엇이 아쉬운 건지 나는 물어보지 않았다. 어쩌면 물어봐도 이해하지 못했을 것이다. 하지만 분위기만으로도 알 수 있었다. 뭔가 큰 일이 일어났다는 것을. 그리고 그것이 슬픈 일이라는 것을.

나는 큰 감정이 없었다. 솔직히 말하면, 그때의 나에게 노무현의 죽음은 먼 나라 이야기 같았다. TV 속에서 일어난 일, 어른들이 슬퍼하는 일. 하지만 내 일상은 그대로였다. 학교에 가고, 친구들과 놀고, 숙제를 하고, 잠자리에 들었다.

그러나 그날의 화면은 오래도록 남았다. 어른들의 눈물, 추모의 물결, 그리고 안방에서 혼자 뉴스를 보며 고개를 떨구고 계신 아버지의 뒷모습. 정치를 좋아하지 않던 아버지도, 그날만큼은 말이 없으셨다. 그 침묵이 무엇을 의미하는지, 나는 한참 후에야 이해하게 된다.

고등학생, 유튜브에서 노무현을 다시 만나다

시간이 흘렀다. 초등학생에서 중학생이 되고, 중학생에서 고등학생이 되었다. 그리고 고등학교 시절, 나는 유튜브에서 노무현을 다시 만났다.

추천 알고리즘이 띄워 준 영상이었다. 제목은 기억나지 않지만, 썸네일에 노무현의 얼굴이 있었다. 클릭했다. 그리고 그 영상이 끝나자 또 다른 영상을, 그다음 영상을 보게 되었다. 연설 영상, 인터뷰 영상, 다큐멘터리 클립. 그렇게 나는 늦게나마 노무현의 발자취를 따라가기 시작했다.

그때 처음 알았다. 그가 고졸 출신이라는 것을. 사법시험에 독학으로 합격했다는 것을. 인권변호사로 활동했다는 것을. 여섯 살 아이가 TV에서 보았던 그 따뜻한 사람에게는, 이런 이야기가 있었던 것이다.

'서민 정치인'이라는 말이 이해되기 시작했다. 그는 태어날 때부터 권력자가 아니었다. 부유한 집안 출신도, 명문대를 나온 엘리트도 아니었다. 그는 스스로 길을 개척했고, 그 과정에서 약자의 편에 섰다. 인권변호사로서, 국회의원으로서, 그리고 대통령으로서.

성인이 된 지금도, 가끔씩 유튜브에서 노무현 관련 영상이 나오면 나는 시청한다. 그때마다 그 '서민 정치인'이라는 이미지는 더욱 선명해진다. 그는 권력의 정점에 있었지만, 권력자처럼 보이지 않았다. 대통령이었지만, 서민의 언어로 말했다. 그것이 그의 강점이었고, 동시에 그의 약점이기도 했다.

장인 문제, 그리고 진심

노무현의 영상들을 보며, 나는 한 장면에 특히 주목하게 되었다. 대통령 경선 당시, 그가 장인 문제에 대해 본인의 의사를 명확히 밝혔던 순간이다.

대부분의 정치인이라면 회피했을 질문이었다. 애매하게 얼버무리거나, 사적인 문제라며 선을 그었을 법한 질문. 하지만 노무현은 달랐다. 그는 솔직하게 답했다. 불편한 진실이라도 숨기지 않았다.

그 장면을 보며 나는 깨달았다. 이것이 그가 '진심'이라고 불리는 이유구나. 정치적 계산 없이, 포장 없이, 있는 그대로를 말하는 것. 그것이 때로는 불리하게 작용할 수도 있다는 것을 알면서도, 그는 진실을 택했다.

나는 보수다. 노무현의 많은 정책에 동의하지 않는다. 하지만 그의 이 태도만큼은 존중한다. 자신의 잘못을 잘못이라고 말하고, 자신의 실수를 실수라고 인정하는 것. 이것은 진영을 떠나 정치인이 가져야 할 기본적인 태도가 아닐까.

남북회담, 그리고 가능성의 시대

노무현 시대를 돌아보며 빼놓을 수 없는 것이 하나 더 있다. 남북 관계다.

지금 돌이켜보면, 그때가 마지막 기회였을지도 모른다. 남북 정상회담, 개성공단, 금강산 관광. 그 시절에는 남북 관계의 해소가 불가능해 보이지 않았다. 멀지만 갈 수 있는 길처럼 느껴졌다.

물론 나는 그때 너무 어렸다. 남북 관계가 무엇을 의미하는지, 통일이 왜 중요한지, 이산가족의 아픔이 얼마나 깊은지 이해하지 못했다. 하지만 유튜브에서 그 시절의 영상을 보며, 나는 인정하게 되었다. 그가 시도했던 것들이 무의미하지 않았다는 것을.

그 이후로 남북 관계는 다시 경색되었다. 때로는 긴장이 고조되고, 때로는 잠깐의 해빙기가 왔다가 다시 얼어붙었다. 그리고 지금, 남북 관계는 노무현 시절보다 훨씬 더 멀어져 버렸다. 그래서일까. 그 시절의 노력들이 더욱 아쉽게 느껴진다.

나는 보수지만, 남북 관계에 있어서만큼은 그의 시도가 의미 있었다고 생각한다. 이념을 떠나서, 대화는 단절보다 낫다. 접촉은 고립보다 낫다. 그것이 당장의 결실을 맺지 못했더라도, 씨앗을 뿌리는 행위 자체가 중요하다.

연설, 그리고 울림

고등학교 시절, 유튜브로 노무현의 연설들을 들었다. 그리고 놀랐다. 보수인 나의 마음에도, 그의 말은 어느 정도 울림이 있었다.

그의 연설은 화려하지 않았다. 수사학적으로 세련되지도 않았다. 때로는 말이 막히기도 했고, 때로는 투박하기도 했다. 하지만 바로 그 지점에서, 그의 말은 진실하게 들렸다.

다른 정치인들의 연설은 '준비된 것'처럼 느껴졌다. 누군가 써 준 원고를, 연습한 대로 읽는 것 같았다. 하지만 노무현의 연설은 달랐다. 그는 지금, 이 순간, 자기 생각을 말하고 있는 것처럼 보였다. 포장되지 않은 날것의 언어.

물론 나는 그의 모든 말에 동의하지 않는다. 그가 말한 정책 방향, 그가 제시한 비전에 대해서는 여전히 회의적이다. 하지만 그럼에도 불구하고, 그의 진심만큼은 부정할 수 없었다. 그는 자신이 믿는 바를 말하고 있었다. 그것만으로도 충분히 울림이 있었다.

기숙사에서의 대화

고등학교 기숙사, 소등 시간이 되면 우리는 속삭이듯 이야기를 나눴다. 그 시간은 우리만의 정치 토론장이었고, 노무현은 자주 등장하는 주제였다.

흥미로운 점은, 진보든 보수든 상관없이 노무현에 대해서만큼은 대체로 비슷한 평가를 내렸다는 것이다. "실패했으나 본인의 진심은 있었던 정치인." 이것이 우리의 공통된 결론이었다.

진보 성향의 친구들은 그를 아쉬워했다. 더 많은 것을 이루지 못한 것에 대해, 더 오래 정치하지 못한 것에 대해. 그들은 노무현이 꿈꿨던 세상이 실현되지 못한 것을 안타까워했다.

나를 포함한 보수 성향의 친구들은 조금 달랐다. 우리는 그의 정책에는 동의하지 않았지만, 그의 태도는 인정했다. "저 정도 진심이면 인정해 줄 만하지 않아?"라는 것이 우리의 생각이었다. 정치인으로서의 성공 여부를 떠나서, 인간으로서 그는 존중받을 만했다.

지금 생각해보면, 그때의 대화들이 소중했다. 십 대 후반의 우리는, 진영 논리에 갇히지 않고 한 정치인을 평가할 수 있었다. 보수든 진보든, 노무현의 진심만큼은 인정했다. 그것이 정치적 성숙함은 아니었을지라도, 최소한 인간적인 예의였다.

실패, 하지만 의미 있는 실패

노무현은 성공한 대통령이었을까? 솔직히 모르겠다. 그의 정책 중 무엇이 성공이고 무엇이 실패인지, 나는 명확히 판단할 수 없다. 경제는 어떠했고, 외교는 어떠했으며, 복지는 어떠했는가. 이런 질문들에 대한 답은 사람마다 다를 것이다.

하지만 한 가지는 확실하다. 그가 실패했다고 해도, 그것은 의미 있는 실패였다. 진심을 다해 시도했고, 원칙을 지키려 노력했으며, 약자의 편에 서려 했던 사람. 그가 모든 목표를 달성하지 못했다고 해서, 그 시도 자체가 무의미해지는 것은 아니다.

정치에서 성공이란 무엇일까? 재임 중 높은 지지율을 받는 것? 역사에 좋은 평가를 받는 것? 구체적인 정책 성과를 내는 것? 이 모든 것이 중요하겠지만, 나는 또 다른 기준이 있다고 생각한다. 진심으로 국민을 위했는가. 권력을 사유화하지 않았는가. 잘못을 인정할 줄 알았는가.

이 기준으로 보면, 노무현은 실패한 대통령이 아니다. 그는 최선을 다했고, 떳떳했으며, 부끄러움을 알았다. 그것만으로도 많은 것을 말해 준다.

지금도 기억하는 이유

아버지는 지금도 가끔 말씀하신다. "노무현은 정말 기억에 남는 대통령이야." 나도 동의한다. 그리고 왜 기억에 남는지도 알 것 같다.

그는 완벽하지 않았다. 실수도 했고, 한계도 있었다. 하지만 그 불완전함이 오히려 그를 더 사람답게 만들었다. 그는 신처럼 군림하지 않았고, 영웅처럼 포장되지도 않았다. 그는 그냥 노무현이었다. 고졸 출신의, 인권변호사 출신의, 서민의 언어를 구사하는 한 사람.

그리고 그 '사람다움'이 사람들의 기억에 남았다. 정책의 성패를 떠나서, 그의 진심이 사람들에게 닿았다. 보수든 진보든, 지지자든 반대자든, 그의 진심만큼은 부정하기 어려웠다.

성인이 된 지금, 나는 여전히 유튜브에서 그의 영상을 본다. 그리고 매번 비슷한 생각을 한다. '이런 정치인이 또 나올 수 있을까?' 진영을 떠나서, 진심으로 국민을 대하는 정치인. 권력을 가졌지만 오만하지 않은 정치인. 실수를 인정하고, 약속을 지키려 노력하는 정치인.

나는 확신할 수 없다. 그가 다시 돌아온다면, 그의 정책을 지지할지. 아마 여전히 많은 부분에서 동의하지 못할 것이다. 하지만 그럼에도 불구하고, 나는 그를 존중할 것이다. 그가 보여 준 진심, 그가 지켰던 원칙, 그가 추구했던 가치—이것들은 정치적 성향을 떠나 인정받을 만하다.

첫 번째 대통령, 따뜻한 시작

노무현은 내가 마주한 첫 번째 정치였다. 여섯 살 아이가 TV 화면 속에서 본 따뜻한 미소. 초등학교 2학년이 목격한 어른들의 슬픔. 고등학생이 유튜브에서 재발견한 진심. 그리고 성인이 된 지금도 여전히 존중하는 태도. 이 모든 것이 노무현이라는 한 사람 안에 있었다.

나는 그때 처음 알았다. 정치는 그냥 뉴스가 아니라는 것을. 누군가에게는 삶이고, 누군가에게는 희망이며, 누군가에게는 상처라는 것을. 그리고 정치인은 단지 권력자가 아니라, 한 사람의 인간이라는 것을.

노무현 이후로 나는 여러 대통령을 보게 된다. 이명박, 박근혜, 문재인, 윤석열, 그리고 이재명. 그들 각각은 나에게 다른 교훈을 준다. 효율의 중요성, 권위의 위험성, 이상의 한계, 갈등의 피로함. 하지만 노무현이 가르쳐 준 것은 다르다.

진심만으로는 정치에서 이길 수 없다는 것. 하지만 진심이 없는 정치는 더 이상 정치가 아니라는 것. 이 두 가지를 동시에 배운 것, 그것이 노무현이 내게 남긴 유산이다.

지금 와서 돌이켜보면, 그는 참 멋있는 사람이었다. 자신의 소신이 있었던 사람. 미움받아도 그러려니 했던 사람. 부끄러움을 알았던 사람. 나는 지금도 보수적 관점을 완전히 버리지 못했고, 그의 모든 정책을 지지할 수는 없다. 하지만 그를 충분히 이해한다. 아니, 이해를 넘어서 존중한다.

그는 가장 사람 같았던 대통령이었다. 그리고 그것만으로도, 그는 기억될 가치가 있다.

노무현은 내가 마주한 첫 번째 정치였고, 그것은 따뜻한 시작이었다. 여섯 살의 나에게 정치가 무섭지 않은 것으로 보이게 해 준 사람. 스물다섯 살의 나에게 여전히 진심의 가치를 믿게 하는 사람. 그가 바로 노무현이다.

1부 2장: 이명박 ― 효율과 성장의 그림자

초등학생이 된 나는 이명박과 함께 자랐다. 2008 년, 그가 대통령이 되던 해 나는 초등학교에 입학했다. 여덟 살이었다. 그리고 그가 임기를 마칠 때까지, 초등학교 5 학년까지, 나는 운동장에서 뛰어놀고, 구구단을 외우고, 급식을 먹으며 자랐다. 이명박은 내 초등학교 시절 대부분을 함께한 대통령이었다.

처음 그를 본 건 TV 뉴스에서였다. 노무현과는 확연히 달랐다. 말투가 딱딱했고, 표정이 굳어 있었으며, 뭔가 항상 일하는 사람처럼 보였다. 어린 나에게 그는 '사장님' 같았다. 친근하지는 않았다.

"사업가 출신 대통령"이라는 말을 뉴스에서 자주 들었다. 당시 나는 CEO 가 뭔지도 몰랐지만, 어른들은 그 단어를 입에 달고 살았다. "이번엔 일 좀 제대로 하겠네," "정치도 역시 일머리 있는 사람이 해야지," 같은 말들이 식탁에서 오갔다.

노무현이 따뜻한 할아버지 같았다면, 이명박은 엄격한 사장님 같았다. 노무현이 웃으며 말했다면, 이명박은 단호하게 지시했다. 노무현이 '사람'처럼 보였다면, 이명박은 '리더'처럼 보였다.

여덟 살 아이에게 그 차이는 명확했다. 한 사람은 친근했고, 다른 사람은 무서웠다. 하지만 어른들의 반응은 달랐다. 아버지는 이명박을 좋아했다. 아니, 정확히는 '기대'했다.

집안의 기대, 그리고 좋았던 시절

아버지는 이명박 정부에 기대를 걸었다. 부동산 경기가 살아날 거라고 믿었고, 경제가 좋아질 거라고 믿었다. 그리고 실제로, 적어도 우리 집에서는 그랬다.

지금 돌이켜봐도 그 시절 부동산 경기는 좋았다. 정확한 수치나 정책을 기억하는 것은 아니다. 어린 나이에 그런 것까지 이해할 수는 없었다. 하지만 집안 분위기는 느낄 수 있었다. 아버지의 표정이 한결 밝아졌고, 저녁 식탁의 대화가 긍정적으로 바뀌었다.

"이번 정부는 다르네." 아버지는 종종 그렇게 말씀하셨다. 부동산 관련 규제가 완화되었고, 시장이 활기를 띠었다. 우리 집 사업도 잘 돌아갔다. 그것이 이명박 정부의 정책 덕분인지, 단순히 경제 사이클의 문제인지는 알 수 없다. 하지만 적어도 우리 집 안방에서는, 이명박 정부는 '성공적'이었다.

초등학생이던 나도 그 변화를 느꼈다. 부모님의 표정, 집안의 여유, 그리고 무엇보다 정치 뉴스를 볼 때 아버지가 더 이상 한숨을 쉬지 않는다는 것. 노무현 시절에는 가끔 한숨이 섞였다면, 이명박 시절에는 고개를 끄덕이는 횟수가 많아졌다.

4 대강, 그리고 어른들의 싸움

그 시절 가장 기억에 남는 건 '4 대강 사업'이라는 단어였다. 뉴스에서 끊임없이 나왔고, 밖에서도 어른들이 그 얘기를 했다.

"우리나라 강을 깨끗하게 만드는 거래." 내 주변 어른들은 그렇게 설명했다. 초등학생인 나는 그게 좋은 일이라고 생각했다. 강이 깨끗해지면 좋은 거 아닌가? 하지만 집에 돌아와 TV 를 켜면 다른 이야기가 나왔다. 반대하는 사람들, 시위하는 사람들, 공사 현장의 모습들.

나는 누가 옳은지 알 수 없었다. 그냥 "어른들이 또 싸우는구나" 정도로만 생각했다. 한쪽에서는 "국가 발전에 필요한 사업"이라고 했고, 다른 쪽에서는 "환경 파괴"라고 했다. 초등학생인 나에게는 둘 다 어려운 말이었다.

지금 와서 생각해 보면, 4 대강 사업은 이명박 정부를 상징하는 사업이었던 것 같다. 빠르게, 크게, 확실하게. 찬성과 반대의 목소리는 무시하고, 밀어붙이듯 진행했다. 그것이 효율적이었는지, 올바른 판단이었는지는 여전히 논쟁 중이다. 하지만 확실한 건, 그것이 이명박식 리더십이었다는 것.

2010 년, 위기의 시작

초등학교 3 학년이 되던 해, 2010 년. 그해는 여러 의미로 기억에 남는다.

2010 년 3 월 26 일, 천안함이 침몰했다. 당시 나는 아홉 살이었다. 정확히 무슨 일인지는 이해하지 못했지만, 학교 분위기가 무거워진 것은 느낄 수 있었다. 선생님들은 추모의 분위기를 표했고, 우리는 묵념을 했다.

"천안함이 뭐예요?" 친구들과 나는 서로 물었지만, 제대로 된 답을 아는 사람은 없었다. 그저 "우리나라 배가 침몰했대", "북한이 한 거래" 같은 단편적인 정보만 오갔다. 우리는 너무 어렸다. 사회적 평가를 나누기에는, 이 사건의 무게를 이해하기에는 너무 어렸다.

하지만 분위기는 알 수 있었다. 무겁고, 슬프고, 뭔가 위험한 것이 우리 주변에 있다는 것. 어른들의 표정이 어두워졌고, 뉴스는 연일 천안함 이야기로 가득했다

송파에서 목격한 G20

그해 11 월, 또 다른 큰 일이 있었다. G20 정상회담이었다. 나는 송파에 살고 있었다. 그리고 G20 정상회담은 강남 코엑스에서 열렸다. 우리 집에서 그리 멀지 않은 곳이었다. 그래서 그 행사의 분위기를 직접 느낄 수 있었다.

거리가 달라졌다. 버스에, 도로에, 건물에, 도시 곳곳에 태극 문양이 그려진 등과 현수막이 걸렸다. 파란색과 빨간색의 태극 무늬가 서울을 장식했다. 초등학생이던 나에게는 마치 축제 같았다.

"우리나라가 대단한 나라래." 친구들과 나는 그렇게 이야기했다. G20 이 뭔지는 정확히 몰랐지만, 세계의 대통령들이 우리나라에 온다는 것만으로도 신기했다. "미국 대통령도 온대," "중국 주석도 온대." 우리는 들뜬 목소리로 이야기를 나눴다.

학교에서도 G20 에 대한 이야기가 나왔다. 선생님은 "우리나라가 선진국이 되었다는 증거"라고 설명하셨다. 한국 전쟁 이후 폐허에서 시작해서, 이제는 세계 정상들이 모이는 나라가 되었다는 것. 그 말이 어린 나에게도 자랑스럽게 느껴졌다.

지금 생각해 보면, G20 은 이명박 정부의 외교적 성과였다. 한국이 국제 사회에서 어떤 위치에 있는지, 어떤 역할을 할 수 있는지를 보여 준 순간이었다. 그리고 그것은 분명히 '국격'의 상승이었다.

그리고 연평도

그런데 그달 말, 11 월 23 일. 연평도 포격 사건이 일어났다. 이번에는 좀 더 직접적이었다. TV 화면에는 불타는 건물이 보였고, 사람들이 대피하는 모습이 나왔다. 초등학교 3 학년이던 나도 이번에는 알 수 있었다. 이건 정말 위험한 일이라는 것을.

많은 이들이 분노했다. 어른들뿐만 아니라, 우리 또래 아이들도 "북한이 나쁘다"고 말했다. 그전까지 북한은 그냥 '북쪽에 있는 나라' 정도였다면, 그날 이후 북한은 '적'이 되었다. 우리를 공격하는, 위험한 존재.

지금 돌이켜보면, 천안함과 연평도는 내 정치의식 형성에 중요한 사건이었다. 안보가 무엇인지, 북한이 어떤 존재인지, 국방이 왜 중요한지. 이런 것들을 막연하게나마 이해하기 시작한 것이 바로 그 시기였다.

효율의 끝판왕, 그의 성과들

이명박을 평가하라면, 나는 그를 '효율의 끝판왕'이라고 부르고 싶다. 그는 일을 빠르게, 확실하게 처리했다. 그리고 그 결과는 분명했다.

특히 외교와 국방 분야에서 그의 성과는 인정할 만하다. 한미 통화 스와프 협정은 금융 위기 상황에서 한국 경제를 안정시키는 데 중요한 역할을 했다. 어린 나이에는 '통화 스와프'가 뭔지 몰랐지만, 지금은 안다. 그것이 얼마나 중요한 외교적 성과인지.

아덴만 여명 작전 역시 기억에 남는다. 소말리아 해적에게 납치된 선박을 구출한 작전. 당시 뉴스에서 그 장면을 보았다. 우리나라 군인들이, 먼 바다에서, 우리 국민을 구해 냈다. 그것은 단순한 군사 작전을 넘어서, 대한민국의 능력을 보여 주는 상징적 사건이었다.

나는 보수다. 그리고 보수로서 나는 이명박을 지지한다. 적어도 외교와 국방 면에서는. 그는 국가의 위상을 높였고, 실질적인 성과를 냈다. 천안함과 연평도라는 위기 상황에서도 국가를 안정적으로 이끌었다.

물론 비판도 있다. 4 대강 사업, 언론 장악 논란, 그리고 무엇보다 비리. 하지만 나는 그것들이 그의 외교·국방 성과를 완전히 무효화한다고 생각하지 않는다. 정치인은 완벽하지 않다. 중요한 건 무엇을 이루었는가, 그리고 그것이 국가에 어떤 영향을 미쳤는가다.

비리, 그리고 예상된 결말

2018 년, 이명박이 구속되었다는 뉴스를 들었다. 당시 나는 고등학생이었다. 그 소식에 크게 충격받지는 않았다.

어느 정도 예상하고 있었다. 이미 그전에 여러 정치인들의 비리를 보았다. 전직 대통령들의 구속을 목격했다. 비리는 한국 정치의 고질적인 문제였고, 이명박도 예외는 아니었다.

실망했냐고 묻는다면, 글쎄. 실망이라기보다는 '역시'에 가까웠다. 국회의원들의 비리, 장관들의 비리, 대통령들의 비리. 그것은 마치 반복되는 패턴처럼 느껴졌다. 누가 집권하든, 어느 당이든, 시간이 지나면 비슷한 뉴스가 나왔다.

그렇다고 비리를 용인하는 것은 아니다. 잘못은 잘못이다. 법적으로 처벌받아야 한다. 하지만 동시에 나는 생각한다. 그 사람의 모든 것이 비리로 환원되는가? 그가 이룬 성과들은 모두 무의미해지는가?

나는 여전히 이명박의 외교와 국방 성과를 인정한다. 비리가 있었다고 해서 그 성과가 사라지는 것은 아니다. G20 은 여전히 열렸고, 통화 스와프는 여전히 체결되었으며, 아덴만 작전은 여전히 성공했다. 그것들은 부정할 수 없는 사실이다.

다만 아쉬운 것은, 왜 그들은 성과만으로는 만족하지 못하는가 하는 것이다. 왜 더 가지려 하는가. 왜 권력의 유혹에서 벗어나지 못하는가. 이것이 한국 정치의 고질병이고, 이명박도 그 병에서 자유롭지 못했다.

기숙사에서의 평가

고등학교 기숙사, 소등 시간의 정치 토론에서 이명박은 자주 등장하는 주제였다. 그리고 평가는 극명하게 갈렸다.

나를 포함한 보수 성향 친구들은 그를 "실리를 추구한 정치인"으로 평가했다. 감정보다는 결과를, 이상보다는 현실을 중시했다는 점에서. 경제를 살렸고, 외교에서 성과를 냈으며, 국방을 강화했다는 점에서.

하지만 진보 성향의 친구들은 달랐다. 그들은 이명박을 "비리 대통령", "경제 성장에만 몰두한 대통령"으로 비판했다. 4 대강 사업의 환경 파괴, 언론 통제, 부자 감세, 그리고 무엇보다 비리. 그들에게 이명박은 실패한 대통령이었다.

흥미로운 점은, 노무현 때와 달리 이명박에 대해서는 합의점을 찾기 어려웠다는 것이다. 노무현은 "실패했지만 진심은 있었다"는 평가에 모두가 고개를 끄덕였다면, 이명박은 달랐다. 한쪽은 성과를 인정했고, 다른 쪽은 과정을 비판했다. 우리는 끝내 합의점을 찾지 못했다.

지금 생각해 보면, 그것이 이명박식 정치의 특징이었던 것 같다. 명확한 성과와 명확한 비판. 회색 지대가 없는, 흑백 논리의 정치. 지지하는 사람은 강하게 지지했고, 반대하는 사람은 강하게 반대했다.

노무현의 진심, 이명박의 효율

노무현은 '진심'이었다. 따뜻했고, 솔직했으며, 사람다웠다. 하지만 그 진심만으로는 모든 문제를 해결할 수 없었다. 정치는 감정만으로는 작동하지 않는다. 때로는 냉철한 판단이, 빠른 실행이, 확실한 결과가 필요하다.

이명박은 '효율'이었다. 빠르고, 확실하며, 결과 중심적이었다. 그는 감정보다는 숫자를, 과정보다는 성과를 중요하게 여겼다. 기업인 출신답게, 그는 국가를 '경영'하려 했다. 그리고 그 방식은 분명 효과가 있었다. 도로가 생겼고, 건물이 올라갔고, 경제 지표는 움직였으며, 외교 성과도 있었다.

하지만 동시에 균열도 생겼다. 그 빠른 속도를 따라가지 못하는 사람들, 그 효율 속에서 소외된 사람들, 그리고 그 성장의 그림자 속에 가려진 것들. 4 대강 사업의 환경 문제, 비정규직 증가, 양극화 심화. 숫자로는 보이지 않는 것들이 있었다.

나는 보수다. 하지만 인정한다. 정치는 경영이 아니다. 국민은 직원이 아니고, 국가는 회사가 아니며, 정책은 사업 계획서가 아니다. 효율만으로는 충분하지 않다. 진심도 필요하다.

이상적으로는 두 가지가 결합되어야 한다. 노무현의 진심과 이명박의 효율. 국민을 진정으로 생각하는 마음과, 그것을 현실로 만드는 실행력. 하지만 그 두 가지를 모두 갖춘 정치인을 찾기는 어렵다. 어쩌면 불가능할지도 모른다.

초등학교의 끝, 그리고 새로운 시작

초등학교 5학년이 끝나갈 무렵, 이명박의 임기도 끝나가고 있었다. 나는 이제 곧 6학년이 될 것이고, 중학생이 될 준비를 해야 했다. 대한민국은 새로운 대통령을 맞이할 준비를 하고 있었다.

이명박 시대를 살며 나는 많은 것을 배웠다. '효율'이라는 단어를 배웠고, 그것이 때로는 필요하지만 그것만으로는 충분하지 않다는 것도 배웠다. 빠른 것이 항상 좋은 것은 아니고, 숫자가 전부를 말해 주지 않으며, 결과만큼이나 과정도 중요하다는 것을.

천안함과 연평도를 통해 안보의 중요성을 배웠고, G20을 통해 국격이 무엇인지 느꼈으며, 4대강을 통해 정치적 갈등이 얼마나 첨예할 수 있는지 목격했다. 그리고 무엇보다, 정치인도 완벽하지 않다는 것을, 성과와 비리가 공존할 수 있다는 것을 배웠다.

나는 여전히 이명박을 지지한다. 외교와 국방 면에서 그의 성과를 인정한다. 하지만 동시에 그의 한계도 안다. 효율만으로는 모든 국민을 만족시킬 수 없고, 성장만으로는 모든 문제를 해결할 수 없으며, 결과만으로는 과정의 상처를 지울 수 없다는 것.

그리고 다음 대통령은 다시 한번 내 정치관을 흔들어 놓을 사람이었다. 박근혜. 여성 최초의 대통령. 보수 정당의 희망. 그리고 훗날, 보수 정당이 무너지는 것을 목격하게 만들 사람.

초등학교 6학년이 되면서, 나는 새로운 정치의 시대를 맞이하게 된다. 그리고 그 시대는, 내가 상상했던 것보다 훨씬 더 격동의 시기가 될 것이었다.

1 부 3 장: 박근혜 — 신뢰의 상징에서 불신의 상징으로

중학생이 된 나는 이제 뉴스를 '읽을' 수 있었다. 초등학생 때는 그저 화면 속 자막을 따라 읽는 정도였다면, 중학생이 된 지금은 그 문장들이 무엇을 의미하는지 이해할 수 있었다. 정치인들의 말 뒤에 숨은 의도를, 정책이 가져올 결과를, 그리고 뉴스가 말하지 않는 것들까지도.

친구들과도 정치 이야기를 나누기 시작했다. 급식실에서, 쉬는 시간에, 때로는 SNS 로. "너 정치 어느 쪽이야?" 같은 질문이 자연스러워졌고, 나는 주저 없이 대답했다. "나? 보수지."

박정희의 딸, 최초의 여성 대통령

그 무렵, TV 속에는 새로운 대통령이 있었다. 박근혜. 대한민국 최초의 여성 대통령. 처음 그녀를 봤을 때 나는 놀랐다. 여성이 대통령이 되다니. 그것도 박정희의 딸이. 뭔가 상징적이라고 느꼈다. 여성의 사회적 지위가 높아지고 있다는 증거처럼 보였고, 동시에 과거와 현재가 연결되는 순간처럼 느껴졌다.

나는 그녀에게 기대를 걸었다. 아니, 정확히는 그녀가 대표하는 것에 기대를 걸었다. 보수 정권의 연장. 이명박 정부가 이룬 경제 성장을 그대로 이어가 주기를 바랐다. 부동산 경기가 계속 좋기를, 우리 집 사업이 계속 잘되기를, 그리고 무엇보다 안정적으로 나라가 돌아가기를.

박정희. 학교에서 배운 그는 복잡한 인물이었다. 독재자였지만, 동시에 경제 발전의 주역이기도 했다. 나쁜 방법을 썼지만 결과는 좋았다고 할까. 중학생인 나는 단순하게 생각했다. 그의 딸이라면, 그 '결과'를 만드는 능력은 물려받았을 거라고. 독재는 하지 않되, 경제는 살릴 수 있을 거라고.

"국민과의 약속을 지키겠습니다." 그녀의 구호는 명확했다. 원칙, 신뢰, 약속. 중학생인 나에게 그 단어들은 설득력 있게 들렸다. 이명박처럼 기업가 출신도 아니고, 노무현처럼 감성적이지도 않았다. 그녀는 그저 차갑고, 단단하고, 흔들리지 않는 사람처럼 보였다.

나는 그녀를 지지했다. 보수 정권의 신선한 인물이라고 생각했다. 그리고 무엇보다, 나는 이제 '보수'라는 정체성을 확신하고 있었다.

확신에 찬 보수, 중학생

중학교 1 학년이었던 나의 정치관은 명확했다. 효율, 원칙, 질서, 자유경제. 세상은 감정이 아니라 논리로 돌아가야 하고, 이상보다는 현실이 중요하며, 복지보다는 성장이 우선이어야 한다고 믿었다.

진보는 너무 이상주의적이었다. 이상에만 머물러 있고, 현실을 바라보지 않는 것처럼 보였다. "다 같이 잘 살자"는 좋은 말이지만, 그게 현실적으로 가능한가? 열심히 일한 사람과 그렇지 않은 사람이 같은 대우를 받는 것이 공정한가? 나는 그렇게 생각하지 않았다.

보수는 달랐다. 현실을 직시했고, 효율을 추구했으며, 성과를 중시했다. 그것이 차갑게 느껴질 수도 있지만, 세상은 원래 그런 것 아닌가. 약육강식이고, 적자생존이며, 능력 있는 자가 더 많이 가져가는 것이 자연스러운 것 아닌가.

중학교 1 학년의 나는 그렇게 믿었다. 확신에 차 있었다. 보수가 옳다고, 박근혜가 잘할 거라고, 우리 정권이 계속되어야 한다고.

그리고 2014 년 4 월 16 일, 그 확신에 첫 균열이 생겼다.

2014 년 4 월 16 일, 친구의 생일

그날은 친구 생일이었다. 학교가 끝나고 우리는 학교 앞 분식집에 갔다. 새로 진학한 중학교에서 사귄 친구였고, 우리는 떡볶이를 시키고 웃고 떠들었다. 그런데 꺼져 있던 TV 화면이 갑자기 켜졌다. 속보였다.

"여객선 침몰..."

처음엔 믿기지 않았다. 꿈을 꾸는 것 같았다. TV 속에서 배가 기울어져 있었고, 학생들이 갇혀 있다고 했다. 고등학교 2 학년 학생들. 수학여행을 가다가.

당시 나에게 고 2 는 나이가 좀 있는 사람들이었다. 선배 같은 존재. 하지만 지금 돌이켜보면, 그들은 너무나 어렸다. 열여섯, 열일곱. 아직 세상을 다 보지도 못한 나이.

분식집 TV 앞에서 우리는 말을 잃었다. 떡볶이는 식어 갔고, 생일 축하는 어색하게 끝났다. 집에 돌아와서도 뉴스를 켰다. 실시간으로 지켜봤다. 구조를 기다렸다. 기적을 바랐다. 하지만 기적은 일어나지 않았다.

침울한 학교, 그리고 노란 리본

다음 날 학교에 갔다. 분위기가 무거웠다. 굉장히 침울했다. 선생님들의 표정이 어두웠고, 아이들도 조용했다.

우리는 이제 중학생이었다. 초등학생 때와는 달랐다. 이 사건이 무엇을 의미하는지, 얼마나 큰 일인지 이해할 수 있는 나이가 되었다. 그래서 더 슬펐고, 더 무거웠다.

학교에서는 세월호에 대한 토론이 진행되었다. 사회 시간에, 도덕 시간에, 심지어 조회 시간에도. 선생님들은 우리에게 묻지 않았으나 우리는 스스로에게 물었다. "이 사건에 대해 어떻게 생각하니?" 우리는 각자의 생각을 나눴다. 누구의 책임인지, 무엇이 잘못되었는지, 어떻게 해야 하는지.

노란 리본이 학교에 나타났다. 어떤 친구들은 가방에 달았고, 어떤 친구들은 교복에 달았다. 나는 달지 않았다. 따로 이유가 있었던 건 아니다. 그냥 달지 않았다. 하지만 내 마음속에서는 매일 노란 리본을 달고 있었다. 그들을 기억하고 있었고, 슬퍼하고 있었다.

노란 리본을 단 친구들도, 달지 않은 친구들도, 우리는 모두 한마음으로 추모했다. 그것은 정치적 행위가 아니었다. 그냥 슬픔이었다. 같은 또래의 학생들이 죽었다는, 그 단순하고도 무거운 사실 앞에서 우리는 그저 슬펐다.

유가족, 그리고 정치

시간이 지나며 세월호는 정치 이슈가 되었다. 유가족들이 광화문에 텐트를 쳤고, 특별법을 요구했으며, 진상 규명을 외쳤다.

나는 유가족의 편이었다. 가족을 잃은 아픔을 공감했다. 그들이 진실을 알고 싶어 하는 것은 당연했다. 그들이 책임자를 처벌하고 싶어 하는 것도 이해했다. 자식을 잃은 부모가 어떻게 그냥 넘어갈 수 있겠는가.

하지만 동시에 불편한 것도 있었다. 일부 정치인들이 세월호를 정치적으로 이용하는 것처럼 보였다. 유가족의 슬픔을 이용해서 정부를 공격하고, 선거에 활용하는 것 같았다. 그것이 싫었다. 세월호는 정치 도구가 아니었다. 그것은 누군가의 자식이고, 누군가의 가족이며, 우리 사회의 아픔이었다.

중학생이던 나는 복잡한 감정을 느꼈다. 유가족을 위로하고 싶었지만, 정치적 공방은 보고 싶지 않았다. 진실을 밝혀야 한다고 생각했지만, 그것이 정권 공격의 수단이 되는 것은 원하지 않았다.

7 시간은 중요하지 않았다

세월호를 둘러싸고 여러 의문이 제기되었다. 그중 하나가 "대통령의 7 시간"이었다. 그날 박근혜 대통령은 어디에 있었는가. 무엇을 했는가. 왜 7 시간 동안 나타나지 않았는가.

솔직히 말하자면, 나에게 그 7 시간은 중요하지 않았다. 물론 대통령이 신속하게 대응했어야 한다는 것은 맞다. 하지만 7 시간이 있었든 없었든, 그 배는 이미 침몰하고 있었다. 구조 시스템의 문제였고, 선장의 문제였으며, 해경의 문제였다.

나는 이 사건을 '사고'로 보았다. 끔찍한 사고. 막을 수 있었던 사고. 하지만 대통령 개인의 비리나 잘못 때문에 일어난 일은 아니라고 생각했다. 시스템의 실패였고, 안전 불감증의 결과였으며, 우리 사회 전체의 문제였다.

그래서 나는 여전히 박근혜를 지지했다. 아니, 지지하고 싶었다. 세월호는 불행한 사고일 뿐, 대통령을 비난할 이유는 아니라고 스스로를 설득했다. 지금 생각하면 전형적인 인지 부조화였다. 믿고 싶은 것만 믿으려 했던 것이다.

시간이 흘렀다. 중학교 2 학년이 되었고, 3 학년이 되었다. 세월호는 여전히 뉴스에 나왔지만, 나는 점점 그 이야기에서 멀어졌다. 아니, 멀어지려고 했다. 불편했기 때문이다. 내가 지지하는 정부를 비난하는 이야기를 듣는 것이 불편했다.

2016 년 가을, 최순실

그리고 2016 년 가을이 왔다. 나는 중학교 3 학년이었고, 고등학교 입학을 준비하고 있었다.

"최순실.

"

처음엔 그게 누구인지도 몰랐다. 하지만 그 이름은 곧 대한민국을 뒤흔들었다. JTBC 보도. 태블릿 PC. 비선 실세. 국정 농단.

나는 실시간으로 그 보도를 보지 못했다. 학교에 있었으니까. 하지만 학교가 끝나고 휴대폰을 켰을 때, 뉴스는 온통 최순실 이야기였다. 그날부터 나는 매일 학교가 끝나면 휴대폰으로 뉴스를 찾아봤다. 무슨 일이 벌어지고 있는지, 새로운 증거가 나왔는지, 대통령이 뭐라고 말했는지.

이화여대 사태를 기억한다. 최순실의 딸 정유라가 부정 입학했다는 의혹. 그 사건은 충격적이었다. 어른들도 경악했고, 화를 냈다. "이게 말이 되냐", "이런 나라에서 애들을 어떻게 키우냐". 집에서도, 학교에서도, 거리에서도 사람들은 분노했다.

나도 화가 났다. 하지만 동시에 믿고 싶지 않았다. 이건 거짓말일 거라고, 조작일 거라고 생각하고 싶었다. 내가 지지했던 대통령이, 내가 믿었던 보수 정권이, 이럴 리가 없다고.

권력은 누구에게 있었는가

하지만 증거는 계속 나왔다. 그리고 그 증거들이 말해 주는 진실은 명확했다. 대통령이 국가를 한 개인에게 맡겼다. 연설문을, 인사를, 정책을. 모든 것을.

세월호 7 시간이 중요하지 않았던 이유는, 그것이 대통령의 능력이나 성실함의 문제라고 생각했기 때문이다. 하지만 최순실 사태는 달랐다. 이것은 능력의 문제가 아니었다. 권력의 정당성 문제였다.

권력이 비선 실세에게 있었다. 이것이 핵심이었다. 우리가 뽑은 대통령이 아니라, 우리가 알지도 못하는 누군가가 나라를 움직이고 있었다. 국민이 준 권력을, 국민이 모르는 사람이 행사하고 있었다.

그것은 민주주의의 근간을 흔드는 일이었다. 보수나 진보의 문제가 아니었다. 좌파나 우파의 문제가 아니었다. 이것은 대한민국이라는 국가 자체의 문제였다.

최순실의 국정 개입 정황이 명확해졌을 때, 나는 입장을 바꿨다. 더 이상 박근혜를 지지할 수 없었다. 세월호는 사고로 볼 수 있었지만, 이것은 달랐다. 이것은 배신이었다.

송파도서관, 그리고 촛불

그 무렵 나는 고등학교 입학을 위한 시험을 준비하고 있었다. 송파도서관에서 공부했다. 아침부터 저녁까지, 시험 문제를 풀고, 책을 읽고, 암기했다.

공부하다가 쉬는 시간에 식당에 내려가면, TV 에서 뉴스가 나왔다. 촛불 집회 소식이었다. 광화문에 수십만 명이 모였다고 했다. 다음 주에는 백만 명이 넘었다. 그다음 주에는 더 많아졌다.

친구들 중 일부는 촛불 집회에 갔다. SNS 에 사진을 올렸다. 촛불을 든 모습, 광화문 광장의 인파, "이게 나라냐"라는 구호. 나는 그 사진들을 보며 부러웠다. 나도 가고 싶었다.

하지만 갈 수 없었다. 시험 때문이었다. 코앞에 닥친 시험을 포기할 수는 없었다. 부모님도 허락하지 않으셨을 것이다. "지금은 공부할 때야. 정치는 나중에 해도 돼." 아마 그렇게 말씀하셨을 것이다.

그래서 나는 도서관에서 공부했다. 하지만 집중이 되지 않았다. 문제를 풀다가도, 책을 읽다가도, 자꾸 생각이 났다. 지금 광화문에는 수십만 명이 모여 있다고. 그들은 무엇을 외치고 있을까. 나도 그곳에 있어야 하는 게 아닐까.

TV 속 장면은 강렬했다. 촛불, 사람들, 함성. "이게 나라냐"라는 구호. 그 질문은 내 마음속에도 메아리쳤다. 이게 나라냐. 정말로, 이게 나라냐.

탄핵, 그리고 무너진 확신

2016 년 12 월 9 일. 국회에서 탄핵 소추안이 표결에 부쳐졌다. 그날 나는 고등학교 면접이 있었다. 아니면 예비 소집이었을 수도 있다. 기억이 확실하지 않다. 하지만 확실한 것은, 나는 그날 새로 들어갈 고등학교에 있었다는 것이다.

가결 소식을 듣자마자 학교로 출발했다. 서둘렀다. 가슴이 두근거렸다. 역사적인 순간이었다. 대통령이 탄핵되는 순간. 대한민국 헌정사에서 두 번째 대통령 탄핵안 가결.

학교에서 친구들과 이야기를 나눴다. 탄핵에 대해. 놀라운 점은, 거의 모든 학생들이 탄핵에 찬성했다는 것이다. 보수 성향 친구들도, 진보 성향 친구들도, 정치에 관심 없는 친구들도. 우리는 모두 한목소리로 말했다. "탄핵해야 한다."

탄핵 찬반은 학생들 사이에서 의미가 없었다. 이것은 보수와 진보의 문제가 아니었다. 이것은 옳고 그름의 문제였다. 박근혜는 선을 넘었다. 그리고 선을 넘은 사람은 대통령 자리에 있을 수 없다.

집에 돌아와서 부모님과 이야기를 나눴다. 가족들도 같은 생각이었다. "탄핵해야 한다. 내려와야 한다. 선을 넘었다." 부동산 사업을 하는 우리 집은 전통적으로 보수 성향이었다. 하지만 이번만큼은 달랐다. 이것은 정파를 떠난 문제였다.

2017 년 3 월 10 일, 파면

그리고 2017 년 3 월 10 일이 왔다. 헌법재판소의 최종 결정이 나는 날. 나는 이미 고등학교 1 학년이 되어 있었다. 새로운 학교, 새로운 친구들, 새로운 시작.

그날 학교에서 우리는 TV 를 켰다. 실시간으로 지켜봤다. 헌법재판소장이 선고문을 읽기 시작했다. 교실이 조용해졌다. 모두가 화면을 응시했다.

"피청구인 대통령 박근혜를 파면한다."

순간 교실이 술렁였다. 누군가 환호했고, 누군가 숨을 내쉬었으며, 누군가는 그저 멍하니 화면을 바라봤다. TV 속에서는 광화문에서 환호성이 터져 나왔다. 사람들이 울고, 웃고, 서로를 끌어안았다.

나는 복잡한 감정이었다. 안도감과 동시에 배신감. 정의가 실현된 것 같으면서도, 내가 믿었던 모든 것이 무너진 것 같았다. 탄핵이 옳다고 생각했지만, 동시에 슬펐다. 우리 정권이 이렇게 끝나다니.

이게 보수인가

나는 여전히 보수였다. 지금도 보수라고 생각했다. 효율, 원칙, 질서, 자유 경제. 이 가치들은 여전히 중요했다. 세상을 바라보는 내 관점은 바뀌지 않았다.

하지만 박근혜는 이 중 어떤 것도 지키지 않았다. 그녀는 원칙을 저버렸고, 신뢰를 무너뜨렸으며, 국민을 배신했다. 그녀가 내세웠던 "국민과의 약속"은 거짓이었다. 그녀가 강조했던 "원칙과 신뢰"는 공허한 구호였다.

"이게 보수인가?"

나는 혼란스러웠다. 보수 정체성에 회의가 들었다. 내가 믿었던 게 잘못된 걸까? 보수라는 게 결국 이런 걸까? 보수 정당은 결국 부패하고, 권력에 취하며, 국민을 배신하는 걸까?

고등학교에 들어가 기숙사 친구들과 이야기를 나눴다. 보수 성향 친구들도 회의감을 느끼고 있었다. "보수가 이래서야..." "이러니까 사람들이 보수를 욕하지." 우리는 배신감을 느꼈다. 우리가 지지했던 정당이, 우리를 배신했다.

하지만 동시에 나는 깨달았다. 보수는 정당을 지지하는 것이 아니라는 것을. 보수는 이념을 지키는 것이라는 것을. 박근혜가 보수 정당 출신이라고 해서 그녀가 보수적 가치를 지킨 것은 아니다. 오히려 그녀는 보수가 소중히 여기는 모든 것—원칙, 신뢰, 책임—을 저버렸다.

그래서 나는 결론 내렸다. 나는 여전히 보수다. 하지만 보수 정당을 맹목적으로 지지하지는 않는다. 정당은 바뀔 수 있다. 정치인은 타락할 수 있다. 하지만 가치는 남는다. 그 가치를 지키는 것이 진짜 보수다.

역사에 길이 남을 대통령

고등학교 기숙사에서 박근혜에 대한 평가를 나눴다. 여러 의견이 있었지만, 하나는 명확했다.

"박근혜는 역사에 길이 남을 대통령이다. 최초로 탄핵된 여성 대통령으로."

그것이 우리의 결론이었다. 그녀는 최초의 여성 대통령으로 역사에 기록될 줄 알았을 것이다. 하지만 실제로는 최초로 탄핵된 대통령으로 기억될 것이다. 그것도 만장일치로.

아이러니했다. 그녀가 내세웠던 모든 것—원칙, 신뢰, 약속—이 정반대의 결과를 낳았다. 신뢰의 상징이 불신의 상징이 되었고, 원칙의 수호자가 원칙의 파괴자가 되었으며, 약속을 지키겠다던 사람이 가장 큰 약속을 저버렸다.

중학생의 끝, 고등학생의 시작

박근혜 시대는 나의 중학교 시절과 거의 일치했다. 초등학교 6 학년 때 그녀가 취임했고, 중학교 3 학년 때 탄핵 소추안이 가결되었으며, 고등학교 1 학년 초반에 파면되었다. 내가 아이에서 청소년으로 성장하는 동안, 대한민국은 희망에서 절망으로, 신뢰에서 불신으로 변해 갔다.

나는 이 시기를 거치며 많은 것을 배웠다. 정치적 확신이 얼마나 쉽게 무너질 수 있는지, 믿었던 사람이 얼마나 쉽게 배신할 수 있는지, 그리고 그럼에도 불구하고 가치는 지켜야 한다는 것을.

세월호는 내게 국가의 무능을 가르쳐주었다. 최순실 사태는 권력의 정당성을 가르쳐주었다. 그리고 탄핵은 민주주의가 작동한다는 것을 보여주었다. 시스템은 비록 느리지만, 결국 작동했다. 잘못은 바로잡아졌다.

하지만 동시에 나는 혼란스러웠다. 보수 정당이 무너지는 것을 목격했고, 내가 지지했던 정권이 국민에게 외면받는 것을 보았다. 나는 여전히 보수였지만, 보수 정당을 지지하지 않는 보수가 되어버렸다.

그리고 이제 새로운 시대가 올 것이었다. 문재인 정부. 평화와 공정을 말하는 진보 정권. 촛불의 힘으로 탄생한 정부.

나는 고등학생이 되었다. 더 이상 뉴스를 단순히 읽는 것이 아니라, 분석하고 비판할 수 있는 나이가 되었다. 그리고 그 능력은 곧 시험대에 오를 것이었다. 진보 정권을 비판적으로 바라보는 보수로서, 나는 어떤 입장을 취할 것인가.

박근혜는 내게 정치적 성장통을 안겨준 대통령이었다. 확신에서 의심으로, 믿음에서 질문으로. 답은 없었고, 질문만 남았다. 하지만 어쩌면 그것이 필요한 과정이었는지도 모른다. 무조건적인 지지가 아니라, 비판적 사고를 갖춘 유권자가 되기 위해서.

박근혜 시대는 끝났다. 그리고 나의 새로운 정치 여정이 시작되려 하고 있었다.

1 부 4 장: 문재인 — 이상이 현실을 만났을 때

배재고등학교, 새로운 시작

2017 년 3 월, 나는 배재고등학교에 입학했다.

배재고. 지금 이 책을 쓰면서 생각하니 참 묘한 우연이다. 대한민국 초대 대통령 이승만이 나온 학교. 보수 정치의 시작점이었던 인물의 모교에서, 나는 고등학교 3 년을 보내게 되었다. 당시에는 그저 '좋은 학교'라는 이유로 선택했을 뿐이었지만, 지금 돌이켜보면 의미심장하다.

중학교 때 나는 공부를 꽤 잘하는 편이었다. 그래서 자연스럽게 더 좋은 학교에 가고 싶었다. 자사고. 자율형 사립고등학교. 일반고보다 나은 교육환경, 더 높은 대학 진학률. 나는 그것을 원했다.

자사고, 기숙사 생활, 새로운 환경, 새로운 친구들. 그리고 고등학교 생활이 시작되자마자 나는 역사적인 순간을 목격했다.

입학 첫 주, 탄핵 선고

입학한 지 얼마 되지 않은 어느 날, 학교에서 TV 를 틀었다. 헌법재판소 생중계. 탄핵 선고. 우리는 교실에서, 복도에서, 삼삼오오 모여 그 화면을 지켜봤다.

"피청구인 대통령 박근혜를 파면한다."

순간 학교가 들썩였다. 학생들 대부분은 환호했다. 나 역시 환호했다. 정의가 실현된 순간이었다. 잘못을 저지른 사람이 마땅한 대가를 치르는 것. 그것이 옳았다.

하지만 동시에 마음 한편이 착잡했다. 내가 믿었던 보수가 무너지는 순간이었다. 탄핵은 정당했지만, 그것은 동시에 보수 정권의 몰락이기도 했다. 나는 환호하면서도 불안했다. 이제 어떻게 되는 걸까. 보수는 어디로 가야 하는 걸까.

고등학교 1 학년. 열일곱 살. 나는 이제 정치를 관찰하는 수준을 넘어서, 분석하고 판단할 수 있는 나이가 되었다. 그리고 바로 그 시점에, 대한민국은 거대한 전환점을 맞이했다.

기숙사, 우리만의 정치 토론장

배재고는 기숙사 학교였다. 4 인 1 실. 나는 세 명의 룸메이트와 함께 생활했다. 그리고 그 네 명의 정치적 스펙트럼은 한국 사회의 축소판 같았다.

한 명은 극우였다. 태극기 집회를 지지했고, 박근혜 탄핵에 반대했으며, 문재인 정부를 적폐로 규정했다. 나는 우파였다. 보수적 가치를 믿었지만, 박근혜 탄핵에는 찬성했다. 한 명은 중도좌파였다. 진보적 가치에 공감했지만, 극단적이지는 않았다. 그리고 마지막 한 명은 좌파였다. 촛불을 지지했고, 문재인 정부에 기대를 걸었다.

네 명이 한 방에서 생활하며, 우리는 자연스럽게 정치 이야기를 나눴다. 취침 시간은 밤 12 시였지만, 우리는 좀처럼 자지 않았다. 불을 끄고 나서도 속삭이는 목소리는 계속되었다. 그리고 그 대화의 주제는 대부분 정치였다.

"너 누구 지지해?"

"나? 당연히 보수지."

"난 진보가 더 나은 것 같은데."

"아니, 진보는 너무 이상적이잖아."

기숙사의 밤은 취침 시간이 아니라 정치 토론의 장이었다. 우리는 박근혜 탄핵에 대해, 문재인 정부에 대해, 보수와 진보의 가치에 대해 끊임없이 이야기했다. 싸우지는 않았다. 우리는 서로를 존중했다. 하지만 토론은 치열했다.

학교 전체로 보면 보수와 진보의 비율은 비슷했지만, 그래도 보수가 조금 더 많았다. 특히 내 친한 친구들은 잘사는 집안에서 온 경우가 많았다. 부동산을 가진 집, 사업을 하는 집, 전문직 부모를 둔 집. 그런 환경에서 자란 아이들은 자연스럽게 보수적 성향을 띠었다.

나 역시 그랬다. 부동산 사업을 하는 집안에서 자라며, 나는 자유 시장 경제의 가치를, 개인의 책임을, 효율과 성장을 중시하는 보수적 관점을 자연스럽게 체득했다. 그것이 나의 정체성이었다.

기숙사에서 나눈 질문들

기숙사 밤의 토론 중 가장 기억에 남는 질문이 하나 있다.

"보수의 가장 중요한 가치는 뭐야?"

나는 대답했다. "자유 아닐까? 개인의 자유, 경제적 자유."

"그럼 진보는?"

좌파 룸메이트가 대답했다. "평등이지. 공정한 분배."

"그럼 둘 중에 뭐가 우선이야?"

우리는 답을 찾지 못했다. 자유와 평등. 둘 다 중요하다. 하지만 둘은 때로 충돌한다. 자유를 극대화하면 불평등이 생기고, 평등을 추구하면 자유가 제한된다. 어디에 무게중심을 두느냐가 보수와 진보를 나누는 기준이었다.

나는 자유에 무게를 두었다. 개인이 노력한 만큼 가져가는 것이 공정하다고 믿었다. 결과의 평등보다는 기회의 평등이 중요하다고 생각했다. 하지만 동시에 인정했다. 완전한 자유 시장은 약자를 짓밟을 수 있다는 것을. 어느 정도의 평등은 필요하다는 것을.

질문 자체가 중요했다. 나는 그때 다시 한번 내가 왜 보수인지, 보수가 무엇을 지키려는 건지 진지하게 고민했다. 단순히 부모님의 영향이 아니라, 나 스스로 선택한 가치인가를 물었다.

기숙사 생활은 공부만 한 것이 아니었다. 친구들과의 토론, 여러 가지 악기 연주, 운동 같은 체험 활동을 함께 즐겼다. 남고에서 일어나는 일들은 상상을 초월했지만, 그 모든 경험이 나를 성장시켰다.

2017년 5월, 문재인 시대의 시작

그리고 2017년 5월, 문재인이 대통령이 되었다.

다시 한번 말하지만, 나는 진보 정치인을 그다지 좋아하지 않는다. 이상주의자들. 이론만 완벽한 사람들. 현실은 그렇게 단순하지 않은데, 그들은 마치 세상을 공식처럼 풀 수 있다고 믿는 것 같았다.

하지만 한편으로는 잘해 주기를 바라는 마음도 있었다. 대통령은 내 편, 네 편이 아니라 대한민국의 대통령이니까. 그리고 무엇보다, 보수가 무너진 지금, 진보마저 실패하면 나라 전체가 흔들릴 테니까.

문재인의 첫인상은 나쁘지 않았다. 노무현의 절친이라는 이미지. 따뜻하고 부드러운 말투. "사람이 먼저다"라는 구호. 초반 지지율은 높았고, 사람들은 기대에 차 있었다.

나는 큰 기대를 하지 않았다. 하지만 지켜보기로 했다. 팔짱을 끼고, 비판적인 눈으로, 그러나 공정하게.

최저임금, 그리고 우리의 논쟁

문재인 정부 초기, 우리 사이에서 가장 뜨거운 논쟁을 불러일으킨 정책은 최저임금 인상이었다.

2018 년, 최저임금이 대폭 올랐다. 7,530 원에서 8,350 원으로. 무려 16.4% 인상. 그리고 2019 년에는 다시 8,590 원으로 올랐다.

기숙사에서 토론이 벌어졌다. 보수 성향의 친구들은 비판적이었다. "너무 성급한 거 아니야? 물가 오를 게 뻔한데. 자영업자들은 어떻게 감당해?" 우리는 시장 원리를 이야기했다. 인위적으로 임금을 올리면 고용이 줄어든다고, 결국 저임금 노동자들이 더 피해를 본다고.

하지만 진보 성향의 친구들은 달랐다. "그래도 최저임금이 사람이 살아갈 정도는 되어야 하지 않아? 지금까지 너무 낮았던 거야. 노동의 가치를 인정해야지." 그들은 분배 정의를 이야기했다. 부의 재분배, 약자 보호, 인간다운 삶의 보장.

둘 다 일리가 있었다. 나는 여전히 보수였지만, 진보 친구들의 말도 이해할 수 있었다. 최저임금 7,530 원으로 한 달을 살아간다는 것, 정말 어려운 일이었다. 하지만 동시에 급격한 인상이 가져올 부작용도 걱정되었다.

결국 시간이 증명해 주었다. 물가는 올랐고, 일자리는 줄었으며, 자영업자들은 힘들어했다. 이상은 아름다웠지만, 현실은 복잡했다. 이것이 문재인 정부를 관통하는 문제였다.

2018 년 4 월, 판문점의 봄

2018 년 4 월 27 일. 나는 고등학교 2 학년이 되어 있었다. 그날 학교에서 TV 를 틀었다. 남북 정상 회담 생중계.

문재인과 김정은이 군사 분계선에서 손을 잡았다. 김정은이 문재인의 손을 이끌고 북쪽으로, 문재인이 김정은의 손을 이끌고 남쪽으로. 그 순간, 나는 낯선 감동을 느꼈다.

학교 분위기는 기대에 차 있었다. 남북 정상이 만나는 순간을 실시간으로 본 것은 내 기억상 처음이었다. 전쟁을 겪지 않은 세대인 나에게 "평화"는 늘 추상적인 단어였다. 하지만 그 화면 속에서, 평화는 구체적인 모습을 띠고 있었다.

보수 친구들도 팔짱을 끼고 앉아서 지켜봤다. 비판적이었지만, 동시에 기대도 있었다. 어쨌든 두 정상이 만난 게 너무 오랜만이었으니까. 2007 년 노무현 대통령 이후 11 년 만의 일이었다.

감동적이었다. 정말로. 하지만 동시에 의문도 들었다.

판문점 선언의 내용은 너무 모호했다. "완전한 비핵화," "종전 선언," "평화 체제." 아름다운 단어들이었지만, 구체적인 방법은 없었다. 어떻게? 언제까지? 북한이 정말 핵을 포기할까?

노무현의 오버랩

보수인 내 입장에서, 판문점 선언은 노무현 당시의 정상 회담과 겹쳐 보였다. 2007 년 10 월, 노무현 대통령이 평양을 방문했다. 10·4 남북 정상 선언. 그때도 사람들은 기대했다. 평화가 올 거라고, 통일이 가까워졌다고.

하지만 결국 아무것도 건진 게 없었다. 개성 공단도 결국에는 닫혔다. 2016 년, 박근혜 정부 때 폐쇄되었다. 그동안 북한은 계속해서 우리를 위협해 왔다. 핵 개발을 멈추지 않았고, 미사일을 쏘았으며, 천안함을 침몰시키고 연평도를 포격했다.

나는 걱정했다. 이번에도 같은 일이 반복되는 건 아닐까. 감동적인 악수와 포옹 뒤에, 다시 배신이 오는 건 아닐까. 평화는 선언으로 만들어지는 것이 아니라, 신뢰로 쌓아 올려지는 것인데.

2019 년 2 월, 하노이 노딜

그리고 2019 년 2 월, 하노이 노딜이 터졌다.

트럼프와 김정은의 2 차 정상 회담. 베트남 하노이. 세계가 주목했다. 하지만 회담은 결렬되었다. 합의문 없이 끝났다. 북한의 비핵화 조건과 미국의 제재 해제 요구가 맞지 않았다.

기숙사로 돌아왔을 때, 보수 친구들과 나는 말했다. "그럴 줄 알았어." 우리는 놀라지 않았다. 북한이 핵을 포기할 리 없다는 걸 알고 있었다. 핵은 그들의 체제 보장 수단이니까.

그리고 이후의 상황은 내 의구심을 더욱 확인시켜 주었다. 과도한 퍼주기식 대북 정책. 안보 질서의 무너짐. 북한은 여전히 핵을 개발했고, 평화는 다시 멀어졌다. 판문점의 감동은 순식간에 사라졌다.

나는 다시 한번 깨달았다. 이상과 현실은 엄연히 다르다는 것을. 평화는 악수 한 번으로 만들어지지 않는다는 것을. 진보의 이상주의는 아름답지만, 때로는 위험하다는 것을.

2019년 8월, 조국 사태의 시작

2019년 8월, 나는 고등학교 3학년이었다. 입시를 준비하고 있었다. 수능이 몇 달 남지 않은 시점이었다. 그리고 바로 그 순간에, TV에서는 조국 사태가 터졌다.

조국. 법무부 장관 후보자. 문재인 정부의 핵심 인물. 서울대 교수. 진보 진영의 아이콘. 그리고 그를 둘러싼 수많은 의혹들.

자녀 입시 특혜, 위장 표창, 사모 펀드. 뉴스에서 쏟아지는 의혹들. 나는 매일 그 뉴스를 봤다. 수험생이어서 매일 따라가지는 못했지만, 주에 두세 번은 뉴스를 챙겨보려고 했다.

특히 충격적이었던 건 자녀 입시 특혜였다. 표창장 위조, 인턴 경력 조작, 의전원 부정 입학 의혹. 그리고 나는 지금 바로 그 입시를 준비하고 있었다.

고3, 입시의 한복판에서

나는 매일 밤 12시가 넘도록 공부했다. 주말도 반납했다. 모든 것을 걸고 있었다. 좋은 대학에 가기 위해. 내 미래를 위해.

그런데 누군가는 돈과 권력으로 그 과정을 건너뛴다? 표창장을 위조하고, 인턴 경력을 조작하고, 의전원에 부정 입학한다?

나만 화가 난 게 아니었다. 친구들도 모두 분노했다. 보수 친구들은 당연히 분노했고, 진보 친구들조차 말이 없었다. 이것은 진영의 문제가 아니었다. 이것은 공정의 문제였다.

"공정"이라는 단어가 우리 세대에게 얼마나 중요한지, 그때 확실히 알 수 있었다. 우리는 스펙을 쌓고, 시험을 치르고, 경쟁하며 살아왔다. 그 과정이 공정하다고 믿었기에 견딜 수 있었다. 하지만 그 공정함이 무너진다면, 우리가 견뎌 온 모든 것이 무의미해진다.

법무부 장관이 공정하지 않다

더 큰 문제는 그의 직책이었다. 법무부 장관. 법을 다루는 최고 기관의 수장이 공정하지 않다는 것. 말이 되지 않았다.

나는 생각했다. 검찰 개혁을 하기 전에 공정함이 먼저 아닌가. 스스로 깨끗해야 남을 개혁할 수 있는 것 아닌가. 조국이 말하는 "검찰 개혁"은 정의로운 개혁이 아니라, 자신을 지키기 위한 방패처럼 보였다.

특히 지금 입시를 준비하는 고등학생에게는 용납할 수 없는 문제였다. 우리는 매일 밤을 새우며 공부하는데, 누군가는 권력으로 그 과정을 무시한다. 이게 공정한가. 이게 "사람이 먼저"인가.

2019년 9월 9일, 임명 강행

그리고 2019년 9월 9일, 문재인 대통령은 조국을 법무부 장관으로 임명했다. 검찰 수사가 진행 중인 상황에서. 수많은 의혹이 제기된 상황에서.

나는 치를 떨었다. 대놓고 공정을 무시하겠다는 선언처럼 들렸다. "우리는 공정을 외치지만, 우리 사람은 예외다." 그렇게 말하는 것 같았다.

"내로남불." 그 단어가 그때 등장했다. 내가 하면 로맨스, 남이 하면 불륜. 진보 진영이 보수를 향해 던졌던 비난을 이제 그들 스스로 받게 된 것이다. 박근혜 정부 때 그렇게 도덕성을 외치던 사람들이, 막상 자기 편이 되니 눈을 감았다.

나는 화가 났다. 배신감을 느꼈다. 하지만 놀랍지는 않았다. "역시 진보는 이래." 나는 그렇게 생각했다. 이상을 말하지만 현실은 다르다. 공정을 외치지만 자신들은 예외다. 결국 권력 앞에서는 진보도 보수도 없다는 걸, 나는 그때 확실히 배웠다.

조국은 35 일 만에 사퇴했다. 하지만 그 35 일은 너무 길었다. 그리고 그 상처는 쉽게 아물지 않았다. "공정"을 외치던 정권이 공정하지 않았다는 사실. 그것은 우리 세대에게 깊은 배신감을 남겼다.

2020 년, 코로나가 온 세상

2020 년. 나는 재수생이 되었다. 수능을 다시 준비하고 있었다. 그런데 세상이 멈췄다.

코로나 19. 처음에는 중국의 문제인 줄 알았다. 하지만 곧 전 세계로 퍼졌고, 대한민국도 예외가 아니었다. 2020 년 2 월, 신천지 집단 감염이 터졌다. 확진자가 급증했고, 사회는 공포에 빠졌다.

재수 학원에 다니기 시작한 첫 주가 끝나고, 바로 한 달간 온라인으로 전환되었다. 굉장히 불편했다. 일부러 현장에서 강의를 듣기 위해 재수 학원을 선택했는데, 집에서 컴퓨터로 수업을 들어야 했다.

K-방역. 대한민국의 방역 시스템은 세계적으로 칭찬받았다. 나도 자부심을 느꼈다. 빠른 검사, 투명한 정보 공개, 효율적인 추적 시스템. 외국 언론들이 한국을 롤모델로 삼았다.

하지만 동시에 피로감도 느꼈다. 마스크를 쓰고 활동하는 불편함. 안 그래도 답답한 재수 학원에서 마스크는 정말 불편했다. 하루 종일 얼굴에 뭔가를 걸치고 있다는 것. 숨 쉬기가 답답하고, 말하기가 불편하며, 표정을 읽을 수 없었다.

사회적 거리 두기, 집합 금지, 영업 제한. 안전을 위해서는 어쩔 수 없다지만, 자유는 점점 줄어들었다. 그리고 무엇보다, "방역을 정치에 이용한다"는 느낌이 들었다. 방역 기준이 너무 빠르게 바뀌고, 정부를 비판하면 "방역을 방해한다"는 말을 들었다.

재수생의 6·17 대책

그리고 2020 년 6 월 17 일, 문재인 정부는 또 하나의 부동산 대책을 발표했다. 6·17 대책.

나는 재수생이었다. 열아홉, 스무 살. 아직 어리다고 할 수도 있지만, 이미 부동산 정책이 우리 집에 어떤 영향을 미치는지 이해할 수 있는 나이였다.

다주택자 규제 강화, 양도세 중과, 종합부동산세 인상. 화면 속에서 쏟아지는 규제 정책들은 우리 집에 직격탄이었다. 그날 저녁, 뉴스를 보며 나는 처음으로 정책에 대해 본격적으로 분노했다.

아버지의 표정이 어두워졌다. 6·17 대책뿐만이 아니었다. 그 전에도, 그 후에도, 부동산 정책이 발표될 때마다 아버지의 표정은 좋지 않았다. 나는 구체적인 정책 내용을 다 기억하지는 못한다. 하지만 분위기는 기억한다. 우리 집이 점점 더 힘들어지고 있다는 것을.

문재인 정부의 부동산 정책은 25 번이 넘게 발표되었다. 하지만 집값은 오히려 더 올랐다. 서울 아파트 가격은 임기 내내 상승했다. 이상은 좋았다. "집은 투기 대상이 아니라 삶의 터전"이라는 말. 하지만 현실은 달랐다. 규제는 집값을 잡지 못했고, 오히려 시장을 왜곡시켰다.

2021 년, 대학생이 되다

2021 년 초, 나는 대학에 입학했다. 새로운 시작이었다. 하지만 코로나는 여전했고, 대학 생활은 온라인으로 시작되었다.

캠퍼스를 걷지도 못한 채, 집에서 노트북으로 수업을 들었다. 대학생이 된 실감이 나지 않았다. 꿈꾸던 캠퍼스 생활—동아리, 축제, 친구들과의 수다— 같은 것은 모두 온라인 화면 너머로만 존재했다.

아쉬웠다. 정말 아쉬웠다. 고등학교 3년, 재수 1년을 버텨 온 이유가 이 대학 생활을 위해서였는데. 하지만 코로나는 그 모든 것을 앗아갔다.

워마드, 그리고 성체 훼손

그 무렵, 젠더 갈등은 계속해서 심화되고 있었다. 그리고 그 중심에는 워마드가 있었다.

워마드. 여성 혐오에 대항한다는 명분으로 시작된 커뮤니티. 하지만 그들이 하는 것은 대항이 아니라 또 다른 혐오였다. 남성 혐오, 극단적 주장들. 나는 그것을 페미니즘이 아니라 페미니즘을 표방한 차별주의라고 부르고 싶다.

그리고 성체 훼손 사건. 그 사건은 나에게 충격이었다. 나는 가톨릭 신자는 아니지만 기독교 신자였다. 그래서 성체가 어떤 의미인지 알고 있었다. 예수 그리스도의 몸. 가장 신성한 것.

그것을 훼손하고, 조롱하며, 사진을 올렸다. 예수의 행적을 보면 절대 못 할 일과 말을 아무렇지 않게 궤변으로 늘어놓았다. 그리고 더 충격적인 것은, 비판 대신 이해를 요구하는 목소리가 있었다는 것이다. "그들도 상처받은 사람들이다", "극단적 페미니즘도 이해해야 한다".

정부는 그들의 눈치를 봤다. 명확한 비판을 하지 않았다. 여성 표를 의식한 것처럼 보였다. 그리고 나는 분노했다. 잘못은 잘못이라고 말해야 하는 것 아닌가. 페미니즘을 지지하는 것과 극단적 혐오를 용인하는 것은 다른 문제다.

이대남 프레임, 그리고 갈라치기

"이대남." 20 대 남성.

어느 순간 그 단어가 정치 용어가 되어 있었다.

언론과 정치권은 20 대 남성을 특정 정치 성향으로 몰아갔다. "이대남은 보수화되었다", "이대남은 반페미니즘이다". 우리를 하나의 집단으로 규정하고, 프레임 속에 가두려 했다.

말도 안 되는 일이었다. 내 주변만 봐도 진보 성향 친구들이 많았다. 배재고 기숙사에서도, 대학에서도, 나는 다양한 정치 성향의 친구들을 만났다. 우리는 각자 다른 생각을 가지고 있었고, 서로를 존중했다.

그런데 정치권은 우리를 단순화했다. 세대 간 갈라치기, 성별 간 갈라치기. 20 대 남성 대 20 대 여성, 청년 대 기성세대, 진보 대 보수. 모든 것을 이분법으로 나누고, 갈등을 부추기며, 그 갈등으로 표를 얻으려 했다.

나는 그 프레임 속에 갇히고 싶지 않았다.

하지만 동시에 화가 났다. 왜 우리 세대는 이런 식으로 소비되어야 하는가. 왜 정치는 우리를 이해하려 하지 않고, 단지 이용하려고만 하는가.

2022 년 3 월 9 일, 대선

그리고 2022 년 3 월 9 일, 대선이 왔다. 이재명 대 윤석열.

나는 윤석열을 선택했다. 적극적인 지지였다. 검찰총장 시절 그의 모습이 좋았다. 권력에 맞서는 모습, 원칙을 지키는 모습. 조국 사태 때 검찰 수사를 지휘하던 그 모습. 그것이 내가 원하는 리더십이었다.

그리고 무엇보다, 나는 보여주기식 정치에 지쳐 있었다. 갈라치기에 지쳐 있었다. 문재인 정부 5 년 동안, 나는 수없이 실망했다. 이상은 아름다웠지만 현실은 달랐다. 공정을 외쳤지만 공정하지 않았다. 평화를 말했지만 안보는 약해졌다.

이재명은 선택할 수 없었다. 그가 가진 역량은 어느 정도 인정한다. 뛰어난 언변, 빠른 판단력, 추진력. 하지만 신뢰할 수 없는 인물이었다. 가족사 문제—형수 욕설, 친형 강제 입원 의혹. 그리고 본인 관련 사건들—대장동 개발 의혹, 백현동 개발 의혹, 공직선거법 위반. 나는 그를 청와대에 앉힐 수 없었다.

당선 직후, 나는 간절히 바랐다.

제발 보수를 다시 세워 달라고. 박근혜 이후 무너진 보수를. 신뢰와 공정, 상식을 갖춘 보수를. 이념을 지키는 보수를 다시 만들어 달라고.

0.73%p, 갈라진 나라

0.73%p.

역대 최소 득표 차이. 윤석열 48.56%, 이재명 47.83%.

나라는 정확히 반으로 갈라졌다. 절반은 윤석열을 선택했고, 절반은 이재명을 선택했다. 승자도, 패자도 겸손해야 하는 결과였다. 하지만 현실은 그렇지 않았다. 양쪽 모두 상대를 향해 비난을 퍼부었다.

나에게 0.73%p 라는 숫자는 크게 중요하지 않았다. 어쨌든 다시 보수 이념을 가진 정당의 사람이 정권을 잡았다는 게 중요할 뿐이었다. 박근혜 이후 5 년 만이었다. 보수가 돌아왔다.

하지만 동시에 불안했다.

보수가 돌아왔지만, 과연 제대로 할 수 있을까? 박근혜의 기억이 아직 생생한데, 이번에는 정말 다를까? 다시 실망하게 되는 건 아닐까?

문재인 5 년, 그리고 교훈

문재인의 5 년을 돌아보며, 나는 확신했다. 역시 진보는 안 된다. 이상주의자들에게 나라를 맡기면 안 된다.

부동산 정책은 허황된 꿈이었다. 25 번 넘게 대책을 발표했지만 집값은 오히려 더 올랐다. 최저임금은 급격히 인상되었지만 일자리는 줄었다. 대북 정책은 감동적이었지만 실효성은 없었다. 그리고 무엇보다, 공정을 외쳤지만 공정하지 않았다.

조국 사태.

그것이 문재인 정부의 본질을 보여주었다. "내로남불." 이중 잣대. 자신들은 예외라는 특권의식. 공정을 외치지만 자신들은 공정의 잣대에서 벗어나려 했다.

하지만 동시에 나는 배웠다. 진보만의 문제가 아니라는 것을. 박근혜도 결국 같은 길을 걸었다. 권력은 사람을 변하게 만든다. 진보든 보수든, 권력 앞에서는 타협한다. 이상은 아름답지만 현실은 다르다.

고등학교와 재수를 마치며

고등학교 3년, 재수 1년, 대학 1년.

문재인 정부의 5년은 나의 성장기와 정확히 겹쳤다. 열일곱 살에서 스물한 살까지. 청소년에서 청년으로 성장하는 동안, 나는 문재인 정부를 지켜봤다.

배재고 기숙사에서 친구들과 토론하며, 나는 보수의 가치를 다시 정립했다. 조국 사태를 겪으며, 나는 공정의 중요성을 뼈저리게 느꼈다. 코로나를 경험하며, 나는 자유와 안전의 균형을 고민했다. 그리고 대선을 거치며, 나는 내 선택의 무게를 알게 되었다.

나는 더 이상 확신에 차 있지 않았다.

중학생 때처럼 "보수가 옳다"고 단순하게 말할 수 없었다. 세상은 복잡했고, 정치는 더 복잡했다. 보수도 완벽하지 않았고, 진보도 완벽하지 않았다.

하지만 한 가지는 분명했다. 나는 여전히 보수였다. 자유를 믿었고, 책임을 중시했으며, 효율을 추구했다. 이상보다는 현실을, 선동보다는 원칙을 택했다. 그것이 나의 정체성이었다.

그리고 곧, 나는 윤석열 시대를 살게 될 것이었다. 그 시대가 나에게 무엇을 가르쳐 줄지, 나는 아직 알지 못했다.

1부 5장: 윤석열 — 냉소의 정치, 그리고 피로한 세대

2022년 5월 10일, 새로운 시작

2022년 5월 10일, 윤석열이 대통령이 되었다. 나는 스물두 살, 대학생이었다.

기대했다. 이번엔 제대로 된 보수를 보여줄 거라고. 박근혜의 실패 이후 오랜 기다림 끝에 돌아온 보수 정권. 그것도 검찰 출신 대통령. 권력에 맞서던 그 모습을, 원칙을 지키던 그 이미지를, 나는 믿고 싶었다.

내가 윤석열에게 기대한 것은 명확했다.

첫째, 부동산 정책의 완화. 문재인 정부 5년 동안 우리 집은 계속해서 규제에 시달렸다. 25번이 넘는 부동산 대책, 그런데도 오히려 더 오른 집값. 이제는 시장이 숨을 쉴 수 있게 해 달라고. 과도한 규제를 풀어 달라고. 그것이 내 첫 번째 기대였다.

둘째, 공정한 경쟁. 조국 사태로 배신감을 느꼈던 나는, 이번에는 정말 공정한 사회를 만들어 주기를 바랐다. 능력 있는 사람이 정당하게 인정받고, 노력한 사람이 보상받으며, 불공정한 특혜는 사라지는 사회. 윤석열이 검찰총장 시절 보여준 원칙, 그 원칙이 대한민국 전체에 적용되기를 바랐다.

문재인 정부와는 다를 것이라고 믿었다. 이상주의가 아닌 현실주의, 퍼주기가 아닌 원칙, 내로남불이 아닌 공정. 보수가 돌아왔으니, 이제 제대로 될 거라고. 나는 그렇게 생각했다.

용산, 그리고 첫 번째 의문

하지만 시작부터 뭔가 이상했다. 용산 대통령실 이전.

왜 굳이? 청와대가 있는데 왜 용산으로? 그것도 엄청난 비용을 들여서? 풍수지리 때문이라는 말도 들었고, 국민과 가까워지기 위해서라는 설명도 들었다. 하지만 납득이 되지 않았다.

청와대는 대한민국의 상징이었다. 역대 대통령들이 사용했던 공간. 그곳을 놔두고 왜 굳이 새로운 곳으로 이전해야 하는가. 비용도 비용이지만, 그게 지금 우선순위인가? 해야 할 일이 산더미인데, 대통령실 위치가 그렇게 중요한가?

"뭔가 이상하다"는 느낌이 들었다. 하지만 나는 스스로를 설득했다. 시간이 필요한 거라고. 이제 막 시작했는데, 너무 성급하게 판단하면 안 된다고. 기다려보자고.

하지만 기다림은 실망으로 바뀌어 갔다.

검수완박, 그리고 사법체계의 혼란

정치는 싸움만 있었다. 그리고 그 싸움의 중심에는 '검수완박'이 있었다.

검찰 수사권 완전 박탈. 야당이 주도한 이 법안은, 나에게는 말도 안 되는 이야기로 들렸다. 검찰의 수사권은 검찰의 고유한 권한이다. 헌법기관으로서 당연히 주어져야 하는 권한이다. 그런데 그것을 빼앗는다?

물론 검찰 개혁이 필요하다는 것은 안다. 여러가지 일을 겪으며 나도 검찰의 문제점을 봤다. 정치적으로 이용될 수 있다는 것, 권력화될 수 있다는 것. 하지만 그렇다고 수사권 자체를 빼앗는 것이 답인가?

사법체계의 혼란을 불러올 수 있었다. 검찰은 기소만 하고 경찰이 수사한다? 그러면 책임 소재는 누구에게 있는가? 수사와 기소가 분리되면 효율성은 떨어지고, 범죄자들은 그 틈을 이용할 것이다.

나는 반대했다. 친구들과도 이야기를 나눴다. 진보 성향 친구들은 "검찰 개혁이 필요하다"고 말했다. 나도 동의했다. 하지만 방법이 잘못되었다고, 이건 개혁이 아니라 무력화라고 주장했다.

하지만 법은 통과되었다. 여소야대 국면. 야당이 국회를 장악하고 있었고, 대통령은 거부권을 행사했지만 결국 재의결되었다. 정치는 대화가 아니라 힘의 게임이 되어버렸다.

끝없는 대립, 그리고 피로

여야 대립은 극단으로 치달았다. 대통령의 거부권 행사는 계속되었다. 여소야대 국면에서 행정부가 할 수 있는 건 그것뿐이었을 것이다. 어쩔 수 없었다. 하지만 어쩔 수 없다는 게 답은 아니었다.

대통령실 대 국회. 윤석열 대 이재명. 끊임없는 충돌. 계속되는 탄핵 소추와 거부권 행사. 정치는 대화가 아니라 전쟁이 되어버렸다. 누가 옳고 그른지는 더 이상 중요하지 않았다. 그저 이기느냐 지느냐만 남았다.

나는 지쳤다. 정치 혐오가 아니라 정치 피로였다. 나는 정치를 싫어하는 게 아니었다. 오히려 관심이 많았다. 하지만 이런 정치는 보고 싶지 않았다. 싸움만 하고, 갈등만 부추기고, 국민은 안중에도 없는 정치.

2022년 10월 29일, 이태원

그리고 2022년 10월 29일, 이태원 참사가 일어났다.

핼러윈 축제. 좁은 골목길. 쏟아지는 인파. 그리고 압사. 159명이 죽었다. 그중 대부분이 20대였다. 내 또래였다. 나는 뉴스를 보며 충격을 받았다. 축제를 즐기러 갔다가 죽는다? 2022년 대한민국에서? 이게 말이 되는가?

세월호가 떠올랐다. 2014년, 중학교 1학년이던 나는 학교 앞 분식집에서 세월호 뉴스를 봤다. 그리고 2022년, 대학생이 된 나는 다시 한번 내 또래가 죽는 것을 목격했다. 아무것도 달라지지 않았다. 안전불감증은 여전했고, 시스템은 여전히 무능했다.

하지만 이번에는 촛불이 켜지지 않았다. 세월호 때는 광장에 수백만 명이 모였다. 하지만 이태원은 달랐다. 사람들은 슬퍼했지만, 분노하지는 않았다. 왜일까? 정치 피로 때문이었을까? 아니면 이미 너무 많은 것을 겪어서, 더 이상 무감각해진 걸까?

나도 마찬가지였다. 슬펐지만, 뭔가를 해야겠다는 생각은 들지 않았다. 그저 안타까울 뿐이었다. 그리고 그 무기력함이 더 슬펐다.

2023년 8월, 직장인이 되다

2023년 8월, 나는 직장을 다니기 시작했다. 대학과 직장을 병행하게 되었다. 학생이면서 동시에 직장인. 바쁜 일상이 시작되었다.

정치를 따라가는 시간은 줄어들었다. 뉴스를 볼 시간도, 친구들과 토론할 시간도 줄었다. 하지만 정치는 여전히 내 삶 속에 있었다. 출퇴근길 뉴스 알

림, 점심시간 동료들과의 대화, 저녁에 잠깐 켜는 TV 뉴스. 정치는 여전히 나를 따라다녔다.

그리고 지켜볼수록, 실망은 커졌다. 윤석열 정부는 내가 기대했던 것과 달랐다. 부동산 정책은 여전히 혼란스러웠고, 공정은 구호에 그쳤으며, 정치는 여전히 싸움뿐이었다.

2024 년, 그리고 총선

2024 년이 왔다. 그리고 4 월 10 일, 22 대 국회의원 선거가 있었다.

나는 당연히 투표했다. 투표는 권리이자 의무라고 생각했다. 그리고 나는 보수 정당을 찍었다. 실망스러웠지만, 그래도 보수였다. 진보 정당을 찍을 수는 없었다. 문재인 정부 5 년의 기억이 너무 선명했으니까.

하지만 결과는 참패였다. 야당이 압승했다. 국민의힘은 무너졌다. 여소야대는 더욱 깊어졌다. 이제 대통령이 할 수 있는 일은 더욱 줄어들었다.

나는 복잡한 심경이었다. 보수 정당을 지지하긴 했지만, 동시에 그들이 패배한 이유도 이해했다. 국민들은 지쳐 있었다. 싸움만 하는 정치에, 성과 없는 정부에, 끝없는 대립에. 그 피로를 야당 승리로 표현한 것이다.

의대 정원, 그리고 의료 대란

2024 년, 의대 정원 확대 문제가 터졌다. 정부는 2000 명 증원을 발표했고, 의사들은 집단 휴진과 사직으로 맞섰다.

나는 의대 정원 확대에 어느 정도 찬성했다. 현실적으로 의료인 한 명이 맡는 환자가 너무 많다고 생각했다. 특히 지방이나 필수 의료 분야는 의사가 부족했다. 전문성을 키워 부족한 과에도 충원이 되어야 한다고 생각했다.

하지만 정부의 방식은 문제였다. 일방적이었다. 의사들과의 대화 없이, 숫자만 던졌다. 2000 명. 그 근거는 무엇인가? 왜 2000 명인가? 충분한 설명 없이, 밀어붙이기로 진행했다.

의사들도 문제였다. 집단 이기주의로 보였다. "의사 수가 늘면 수입이 줄어든다"는 솔직한 이유를 "의료 질 저하"로 포장했다. 국민의 건강보다 자신들의 이익을 우선시하는 것처럼 보였다.

결국 의료 대란이 왔다. 전공의들이 사직했고, 병원은 마비되었으며, 환자들이 피해를 입었다. 정부와 의료계의 싸움에서, 가장 큰 피해자는 국민이었다. 또다시, 정치는 국민을 위하지 않았다.

공공의대, 그리고 기억

의대 이슈가 나오며, 나는 문득 공공의대 이야기를 떠올렸다. 문재인 정부 때도 의대 정원 확대를 시도했었다. 공공의대를 신설하려 했었다. 하지만 역시 의료계의 반발로 무산되었다.

결국 어느 정부든, 의료 개혁은 실패한다. 이해관계가 너무 복잡하고, 집단 이익이 너무 강고하며, 정부의 추진력은 부족하다. 그리고 그 사이에서 국민만 피해를 본다.

지지율 하락, 그리고 불안

2024 년이 깊어지자 대통령 지지율은 계속 떨어졌다. 30%대, 20%대. 어느 순간 역대 최저 지지율을 기록했다.

'이건 아닌데...' 하는 마음이 점점 커졌다. 나는 여전히 보수였지만, 이게 내가 원한 보수인지 확신할 수 없었다. 박근혜 때와 다를 게 뭔가. 또다시 보수는 국민을 실망시키고 있었다.

나는 보수를 다시 세워 달라고 했는데, 결국 보수는 또 무너지고 있었다. 신뢰를 회복하라고 했는데, 신뢰는 더 떨어졌다. 공정을 실현하라고 했는데, 공정은 구호에 그쳤다.

하지만 동시에 나는 생각했다. 그래도 이대로만 가면 다음 대선까지는 버틸 수 있을 거라고. 지지율이 낮아도, 실망스러워도, 큰 사고만 안 치면. 여소야대 국면을 국민들에게 잘 설명하고, 야당의 무리한 법안들을 계속 거부하면서, 그렇게 임기를 마치면.

나는 그렇게 믿었다. 큰 기대는 하지 않았다. 하지만 적어도 대형 사고는 안 칠 거라고. 그 정도는 할 수 있을 거라고.

그러나 내가 틀렸다는 것을 깨닫기까지는 오랜 시간이 걸리지 않았다.

2024년 12월 3일

2024년 12월 3일. 화요일. 평범한 날이었다.

나는 평소와 같은 일상을 살고 있었다. 아침에 일어나 출근하고, 일하고, 저녁을 먹고, 집에 돌아왔다. 뉴스에서는 여전히 정치 싸움 이야기가 나왔지만, 특별한 것은 없었다. 그저 평범한 날이었다.

어떤 조짐도 느끼지 못했다. 뭔가 큰일이 일어날 거라는 예감도 없었다. 대통령이 미친 짓을 할 거라고는 상상도 하지 못했다.

나는 일찍 잠자리에 들었다. 피곤했다. 공부와 직장을 병행하는 삶은 늘 피곤했다. 그날도 그냥 푹 자고 내일 또 일어나면 되는 날이라고 생각했다.

밤 10시 30분, 세상이 멈춘 순간

갑자기 전등이 켜졌다.

"아들 잠깐 일어나 봐."

아버지였다. 목소리가 심각했다. 나는 비몽사몽 상태로 눈을 떴다. 밤 10 시 30 분경이었다.

"윤석열 대통령이 비상계엄을 선포했어."

뭐라고?

내가 뭘 들은 건지 이해할 수 없었다. 계엄? 그게 뭐? 왜?

급히 거실로 나갔다. TV 를 켰다. 실시간 속보가 화면을 가득 채우고 있었다.

"대통령, 비상계엄 선포"

꿈인가? 이게 진짜인가?

나는 화면을 멍하니 바라봤다. 2024 년 대한민국에서 계엄이라니?

국회의사당, 실시간 중계

TV 는 국회의사당을 비추고 있었다. 군인들이 국회 앞에 있었다. 헬기가 국회 상공을 날고 있었다. 국회의원들이 담을 넘고 있었다.

말도 안 되는 상황이었다. 21 세기 대한민국에서 계엄이 말이 되는가? 군인들이 국회를 막는다? 의원들이 담을 넘는다?

나는 TV 에서 눈을 뗄 수 없었다. 국회의사당 장면을 계속 봤다. 의원들이 하나둘 모이고 있었다. 보좌진들이 군인들을 막고 있었다. 의원들이 본회의장에 입장하고 있었다.

빠르게 계엄이 해제되기를 바랐다. 국회는 언제 회의를 시작하나. 언제 표결하나. 전전긍긍했다. 심장이 빠르게 뛰었다.

190 대 0

국회의원들이 모였다. 의장이 의사봉을 두드렸다. 표결이 시작되었다.

화면에 숫자가 올라갔다. 50, 100, 150…

190 명 찬성. 0 명 반대.

국회의 계엄 해제 요구안이 가결되었다. 만장일치였다. 여당도, 야당도, 모두가 계엄에 반대했다.

그제야 나는 숨을 쉴 수 있었다. '일단 멈췄구나. 다행이다.' 계엄은 헌법상 국회 요구 시 해제되어야 한다. 이제 대통령은 계엄을 해제할 것이다. 이 악몽 같은 순간이 끝날 것이다.

아버지가 말했다. "절대로 어디 모이지 마라."

아버지는 여전히 보수였다. 하지만 그날 밤, 아버지도 계엄은 반대했다. 목소리에서 분노가 느껴졌다. "이게 뭐 하는 짓이냐"고 중얼거리셨다.

SNS, 그리고 친구들

휴대폰을 켰다. 손이 떨렸다. 친구들에게 연락했다. "이게 뭔 일이냐?"

단톡방은 난리였다. 보수 성향 친구들도, 진보 성향 친구들도, 모두가 경악하고 있었다.

"미쳤다"

"이게 2024 년이 맞나"

"진짜 무슨 일이야"

SNS 에도 같은 반응이 쏟아지고 있었다. 트위터, 인스타그램, 커뮤니티. 모두가 충격에 빠져 있었다. 진보든 보수든, 모두가 계엄에 반대했다. 이것은 정치 성향의 문제가 아니었다. 민주주의의 문제였다.

늦은 밤, 그리고 질문들

계엄이 해제되었다. 새벽이 되어서야 대통령은 계엄 해제를 선포했다. 6 시간의 악몽이 끝났다. 다시 침대로 돌아갔다. 늦었지만 잠을 청했다. 하지만 잠은 쉽게 오지 않았다. 머릿속이 복잡했다.

왜? 갑자기 왜? 무슨 생각으로 계엄을 선포한 건가?

나는 분명히 큰 기대는 하지 않고 있었다. 실망도 많이 했다. 하지만 대형사고를 터뜨릴 거라고는 생각하지 않았다. 여소야대 국면에서 야당의 계속된 견제를 문제 삼으면서, 그냥 이대로만 간다면 다음 대선까지 버틸 수 있었을 텐데.

왜 이런 짓을? 믿을 수 없었다.

공포, 분노, 허탈감. "이게 2024 년 대한민국인가?" 나는 계속 그 질문을 되뇌었다. 우리는 민주주의 국가가 아니었나? 우리는 독재를 끝낸 나라가 아니었나? 광장에서 촛불을 들었던 그 경험은 대체 뭐였나?

12월 4일, 평범한 일상

다음 날 아침, 나는 평소처럼 출근했다. 똑같은 일상이었다. 지하철을 타고, 회사에 도착하고, 업무를 시작했다. 하지만 뉴스는 계속해서 속보를 내보냈다. 계엄 관련 뉴스, 정치권 반응, 국민들의 목소리. 어제 밤의 일은 끝나지 않았다. 오히려 시작이었다.

사무실 동료들도 다들 어제 밤 이야기를 했다. "봤어?" "이제 어떻게 되는 거야?" 우리는 일하면서도 계속 뉴스를 확인했다. 신기한 것은, 사람들이 다시 평화로워졌다는 것이다. 계엄이라는 어마어마한 일이 벌어졌는데, 하루가 지나니 일상은 다시 돌아왔다. 우리는 여전히 출근했고, 일했으며, 밥을 먹었다. 세상은 계속 돌아갔다.

하지만 뭔가 달라졌다. 공기가 달라졌다. 사람들의 눈빛이 달라졌다. 정치가 더 이상 먼 이야기가 아니었다. 정치는 어젯밤 우리를 깨웠고, 우리를 공포에 떨게 만들었으며, 우리의 일상을 위협했다.

12월 7일 토요일, 1차 탄핵

12월 7일 토요일. 1차 탄핵 소추안 표결이 있었다. 나는 사무실에 있었다. 토요일인데도 일하고 있었다. 새벽에 윤석열 대통령의 담화가 있었다고 했다. 나는 직접 보지 못했다. 하지만 사람들이 이야기해 주었다. 사과가 아니라 변명이었다고. 반성이 아니라 정당화였다고.

그리고 오후, 탄핵 표결이 시작되었다. 나는 사무실에서 TV 를 켰다. 국회 본회의 생중계. 의원들이 입장하고 있었다.

그런데 국민의힘 의원들이 퇴장했다. 표결에 불참했다.

분노, 그리고 탈당

나는 분노했다. 화가 나고, 실망했다.

나는 그들이 당당하게 표결에 들어가길 바랐다. 설령 이탈표가 나오더라도, 국회의원으로서의 의무는 다 했어야 했다. 물론 국회의원들의 지역구 민심과 정치적 생명이 걸린 문제이니 충분히 고민할 수 있었다. 하지만 그렇다면 적어도 무효표라도 던졌어야지.

퇴장? 도망? 이게 보수인가? 이게 정치인인가?

매우 짜증 났다. 나는 그 즉시 결정했다. 국민의힘 탈당. 더 이상 이 당의 당원으로 남을 수 없었다. 탈당 신청서를 출력했다. 사무실 프린터로. 양식을 작성했다. 그리고 팩스로 시도당에 보냈다. 즉시.

이건 보수가 아니었다. 이건 비겁함이었다. 원칙도 없고, 책임도 없으며, 오직 자기 보신만 있었다. 나는 이런 당을 지지할 수 없었다. 주변 보수 성향 친구들에게 연락했다. 많은 친구들이 실망했다고 했다. "이제 보수는 끝났다"고들 말했다. 나도 동의했다. 보수는 스스로 무덤을 팠다.

12월 14일 토요일, 2차 탄핵

12월 14일 토요일. 2차 탄핵 소추안 표결이 있었다. 나는 또 사무실에 있었다. 이번에는 달랐다. 국민의힘 의원 일부가 찬성표를 던졌다. 탄핵안이 가결되었다.

화면 속에서 의장이 선포했다. "가결되었음을 선포합니다." 순간 국회 본회의장이 술렁였다. 박수가 터져 나왔다. 환호성이 들렸다. 나는 복잡한 감정이었다. 박근혜 탄핵 때와 비슷했다. 하지만 답답함은 이전보다 더 컸다.

2017 년 3 월 10 일, 고등학교 1 학년이던 나는 박근혜 탄핵 선고를 학교에서 봤다. 그때는 "정의가 실현되었다"는 안도감이 있었다. 보수가 무너지는 슬픔도 있었지만, 동시에 잘못이 바로잡혔다는 위안이 있었다.

하지만 지금은 달랐다. 2024 년 12 월 14 일, 스물다섯 살의 나는 또다시 보수 대통령의 탄핵을 목격했다. 그리고 이번에는 안도감보다는 허탈함이 컸다.

"또 탄핵됐구나."

그게 내 첫 반응이었다. 박근혜에 이어 두 번째. 보수는 대체 무엇을 배운 건가? 아무것도 배우지 못했다. 권력은 교만하게 만들고, 교만은 몰락을 부른다는 교훈을. 보수는 두 번이나 같은 실수를 반복했다.

나는 윤석열을 지지했다

나는 윤석열을 지지했다. 2022 년 3 월 9 일, 나는 그에게 투표했다. 기대했고, 믿었으며, 응원했다.

하지만 윤석열은 나를, 그리고 우리를 배신했다. 검찰총장 시절 보여 준 원칙은 어디로 갔는가. 권력에 맞섰던 그 용기는 어디로 갔는가. 공정을 말하던 그 신념은 어디로 갔는가.

2024 년 12 월 3 일 밤, 그는 모든 것을 배신했다. 국민을, 민주주의를, 그리고 자신을 지지했던 사람들을. 계엄이라는 미친 선택으로, 그는 모든 것을 파괴했다.

나는 실망했다. 분노했다. 그리고 허탈했다. 또다시, 보수는 나를 배신했다.

보수 정당을 지지하지 않는 보수

그날, 나는 다시 한번 확신했다. 나는 "보수 정당을 지지하지 않는 보수"다.

보수의 가치는 여전히 중요하다. 자유, 책임, 원칙, 효율. 나는 이 가치들을 믿는다. 개인의 자유를 존중하고, 개인의 책임을 강조하며, 원칙을 지키고, 효율을 추구하는 것. 이것이 내가 생각하는 보수다.

하지만 보수 정당은 이 가치들을 지키지 않았다. 박근혜는 원칙을 저버렸다. 윤석열은 책임을 회피했다. 그들은 보수의 탈을 쓴 권력자였을 뿐, 진정한 보수가 아니었다.

나는 여전히 보수다. 하지만 보수 정당은 신뢰하지 않는다. 정당은 바뀔 수 있다. 정치인은 타락할 수 있다. 하지만 가치는 남는다. 그 가치를 지키는 것이 진짜 보수라고, 나는 믿는다.

두 번의 탄핵을 목격하며, 이 깨달음은 더욱 확고해졌다. 나는 더 이상 정당에 기대지 않기로 했다. 정당이 아니라 가치를 믿기로 했다. 사람이 아니라 원칙을 따르기로 했다.

윤석열 시대, 그리고 배움

윤석열 시대를 돌아보면, 기대했던 것과 현실의 간극이 보인다. 보수를 다시 세워 달라고 했는데, 결국 보수는 또 무너졌다.

하지만 한 가지는 분명하다. 보수는 이번에야말로 배워야 한다. 두 차례의 대통령 탄핵을 통해 배운 점이 있어야 한다.

첫째, 권력은 국민의 것이다. 대통령은 국민의 대리인일 뿐이다. 국민이 준 권력을 사유화하면, 그 권력은 반드시 국민에게 돌아간다. 박근혜는 그것을 배우지 못했다. 윤석열도 그것을 배우지 못했다. 다음 보수 대통령은 반드시 배워야 한다.

둘째, 교만은 반드시 대가를 치른다. 권력을 가지면 교만해진다. 비판을 무시하고, 국민을 경시하며, 자신이 옳다고 믿는다. 하지만 교만의 끝은 언제나 몰락이다. 이것은 역사가 증명한다.

셋째, 원칙 없는 보수는 보수가 아니다. 보수는 원칙을 지키는 것이다. 자유, 책임, 법치, 시장 경제. 이 원칙들을 지킬 때만 보수다. 권력을 위해 원칙을 굽히면, 그것은 보수가 아니라 기회주의다.

그리고 이제, 이재명 시대

스물다섯 살. 나는 지금 역사의 한복판에 서 있다. 두 명의 보수 대통령 탄핵을 목격했고, 진보와 보수를 오가는 정권 교체를 경험했으며, 계엄이라는 초유의 사태를 겪었다.

그리고 이제, 나는 이재명 시대를 살아가게 되었다. 원하지 않았지만, 이것이 현실이다. 나는 이 현실을 받아들이고, 지켜보고, 비판하고, 때로는 지지할 것이다.

나는 여전히 보수다. 하지만 보수 정당을 지지하지 않는 보수다. 가치를 믿지만 정당을 불신하는 사람이다. 원칙을 중요하게 여기지만 현실의 복잡함을 인정하는 사람이다. 그리고 나는 계속 질문할 것이다. 이것이 올바른 정치인가. 이것이 국민을 위한 정치인가. 이것이 우리가 원하는 미래인가.

혼란스럽다. 확신할 수 없다. 하지만 그것이 정직한 태도라고 믿는다. 성급하게 답을 내리는 대신, 계속 질문하고 고민하는 것. 그것이 내가 선택한 방식이다. 윤석열 시대는 끝났다. 그리고 새로운 시대가 시작된다. 나는 그 시대를 살아갈 것이다. 지켜보고, 판단하고, 선택하며.

1부 6장: 이재명 — 이상과 현실의 경계에 선 정치인

2025년 11월, 나는 지금 여기에

2025년 11월. 나는 이재명 정부 아래 살고 있다.

아이러니하다. 내가 가장 대통령이 되지 않았으면 했던 사람이 대통령이 되었다. 윤석열의 탄핵, 그리고 조기 대선. 혼란스러운 과정 속에서 이재명이 승리했다.

"이럴 줄 알았으면..." 나는 그 말을 수없이 반복했다. 윤석열이 그냥 조용히 임기를 마쳤더라면. 계엄 같은 미친 짓을 하지 않았더라면. 보수가 제대로만 했더라면.

하지만 현실은 이미 벌어졌고, 선택의 여지는 없었다. 윤석열은 스스로 무너졌고, 보수는 폐허가 되었으며, 이재명은 대통령이 되었다.

2025년 6월 3일, 조기 대선

2025년 6월 3일. 대한민국 역사상 두 번째 조기 대선이 치러졌다. 첫 번째는 2017년, 박근혜 탄핵 이후였다. 그리고 이번이 두 번째. 또다시 보수 대통령의 탄핵으로.

사전 투표 당일, 나는 투표소에 갔다. 투표용지를 받아 들었다. 후보들의 이름이 적혀 있었다.

이재명. 더불어민주당. 내가 가장 찍고 싶지 않은 사람.

김문수. 국민의힘. 탄핵당한 대통령의 당. 표결에서 도망친 비겁한 의원들의 당.

그 외 몇몇 후보들. 이름조차 기억나지 않는다.

나는 기표소 앞에서 한참을 망설였다. 누구를 찍어야 하나. 아니, 누구를 찍을 수 있나.

김문수를 찍고 싶지 않았다. 나는 이미 국민의힘을 탈당했다. 2024년 12월 7일, 1차 탄핵 표결에서 퇴장하는 의원들을 보고 분노하며 탈당 신청서를 팩스로 보냈던 그날의 감정이 여전히 생생했다. 다시 그들을 지지할 수 없었다.

그렇다고 이재명을 찍을 수는 없는 노릇이었다. 2022년 대선 때와 똑같은 이유였다. 가족사 의혹—형수 욕설, 강제 입원 의혹. 본인 관련 사건—대장동, 백현동, 공직선거법. 나는 그를 신뢰하지 않았다. 그리고 무엇보다, 진보 정권이 또다시 5년을 하는 것도 마음에 들지 않았다.

결국 나는 처음으로 무효표를 던졌다.

누구에게도 기표되지 않은 빈 투표지를 넣었다. 투표함에 넣으면서도 씁쓸했다. 이게 내가 할 수 있는 최선인가? 하지만 다른 선택은 없었다. 둘 다 찍을 수 없었다. 그렇다고 기권할 수도 없었다. 투표는 권리이자 의무라고 믿었으니까.

무효표. 그것이 내가 선택할 수 있는 유일한 방법이었다. 항의의 표시였다. "나는 당신들 중 누구도 지지하지 않는다"는 메시지였다.

당선, 그리고 담담함

나는 복잡한 심경으로 그 뉴스를 봤다. 기쁘지도, 슬프지도 않았다. 그저 담담했다. "결국 일이 이렇게 흘러갔구나."

예상했던 결과였다. 보수는 무너졌고, 국민들은 지쳤으며, 이재명은 준비되어 있었다. 당연한 수순이었다. 놀랍지 않았다.

취임식은 보지 않았다. 볼 필요를 느끼지 못했다. 그냥 뉴스로 "이재명 대통령 취임"이라는 헤드라인을 봤을 뿐이다. 그리고 일상으로 돌아갔다. 출근하고, 학교에 가고, 일하고.

삶은 계속되었다. 대통령이 바뀌어도, 내 하루는 똑같이 흘러갔다. 아침에 일어나고, 차를 타고, 회사에 가고, 수업을 듣고, 과제를 하고, 밤늦게 집에 돌아왔다. 정권이 교체되었지만, 내 일상은 크게 변하지 않았다.

이재명이라는 정치인

이재명이라는 정치인. 나는 그를 싫어했지만, 동시에 인정할 수밖에 없었다.

그는 대중 정치인이었다. 정치 감각이 있었고, 소통 능력이 뛰어났다. 성남시장을 거쳐 경기도지사, 그리고 대통령이 되기까지. 그 과정에서 보여 준 노력과 정치력은 분명 인정할 만했다.

특히 소통 능력은 탁월했다. SNS 를 적극 활용했고, 국민과의 대화를 중시했으며, 현장을 자주 찾았다. 윤석열과는 확실히 달랐다. 적어도 싸우기만 하는 정치는 아니었다.

하지만 여전히 의혹들은 남아 있었다. 신뢰는 여전히 부족했다. "능력은 인정하지만 신뢰는..." 그 말이 내 심정을 가장 잘 표현했다. 그는 일을 할 줄 아는 사람이었다. 하지만 그를 온전히 믿을 수는 없었다.

그리고 무엇보다, 그는 진보였다. 나는 보수였다. 우리가 지향하는 가치는 달랐다. 그가 추구하는 정책들은 내가 동의하기 어려운 것들이었다.

2025년 9월 7일, 부동산 대책

그리고 우려는 현실이 되었다. 2025년 9월 7일, 이재명 정부는 첫 번째 부동산 대책을 발표했다.

뉴스를 보는 순간, 나는 한숨을 쉬었다. "역시." 문재인 정부 때와 똑같았다. 진보 정권의 부동산 정책은 늘 규제였다. 시장을 억누르고, 다주택자를 압박하며, 세금을 올리는 것. 그것이 그들의 방식이었다.

부동산 사업을 하는 우리 집에게, 진보 정권의 부동산 정책은 언제나 악재였다.

2025년 10월 15일, 충격

그리고 2025년 10월 15일. 두 번째 부동산 대책이 발표되었다. 이번에는 진짜 충격이었다.

서울 전 지역 토지거래허가제 및 투기과열지구 지정. 경기 일부 지역 토지거래허가제 및 투기과열지구 지정. 대출 규제 강화.

토지거래허가제. 토지를 사고팔 때 정부의 허가를 받아야 한다는 것. 투기과열지구. 각종 규제가 강화되는 지역. 대출 규제. 돈을 빌리기 어려워진다는 것.

서울 전 지역이라니. 서울 전체를 규제 지역으로 만들었다. 경기도 일부까지. 수도권 부동산 시장을 완전히 얼려 버리겠다는 의도였다.

아버지는 이 부동산 정책에 매우 회의적이셨다. 아버지뿐만이 아니었다. 나도 마찬가지였다. 이런 정책이 과연 효과가 있을까? 문재인 정부 때 25 번 넘게 부동산 대책을 발표했지만, 집값은 오히려 더 올랐다. 규제는 시장을 왜곡시킬 뿐, 근본적인 해결책이 아니었다.

문재인 정부와의 오버랩

10.15 대책을 보는 순간, 나는 문재인 정부 시절을 떠올렸다. 2020 년 6 월 17 일. 재수생이던 나는 6.17 부동산 대책을 보며 처음으로 정책에 본격적으로 분노했었다.

그리고 2025 년 10 월 15 일. 또다시 같은 일이 반복되고 있었다. 진보 정권, 부동산 규제, 시장 왜곡. 데자뷔처럼 돌아온 풍경.

역사는 반복된다고 했던가. 정확히 같은 패턴이다. 진보 정권이 들어서면 부동산 규제가 강화되고, 우리 집은 어려움을 겪는다. 문재인 정부 때도 그랬고, 이재명 정부도 그럴 것이다.

한숨이 나왔다. "5 년을 또 이렇게 보내야 하는구나." 문재인 정부 5 년을 겪었으니, 이제 이재명 정부 5 년을 겪어야 한다. 부동산 정책으로 계속 힘들어하는 우리 집을 보며, 나는 무력감을 느꼈다.

하지만 동시에 생각했다. 결국 주택 공급 없는 정책은 허황된 소리다. 규제만으로는 집값을 잡을 수 없다. 문재인 정부가 증명했다. 그리고 이재명 정부도 같은 실수를 반복할 것이다.

부동산 대책, 그것만 기억에 남다

이재명 정부 6 개월. 부동산 대책 말고는 사실 기억에 남는 게 없다.

물론 다른 정책들도 있었을 것이다. 경제 정책, 복지 정책, 외교 안보 정책. 뉴스에서 계속 나왔다. 하지만 내 일상 속에서 체감하는 건 별로 없었다.

대학과 직장을 병행하는 바쁜 일상 속에서, 정치는 여전히 TV 속에만 존재했다. 대통령이 바뀌었지만, 내 하루는 또 다를 것 없이 흘러갔다. 아침에 일어나고, 출근하고, 수업 듣고, 일하고, 집에 돌아왔다.

유일하게 피부로 느껴지는 것은 부동산 정책이었다. 그것은 우리 집에 직접적인 영향을 미쳤으니까.

친구들과의 거리

배재고 기숙사 시절, 우리는 밤마다 정치를 이야기했다. 불을 끄고 나서도 속삭이며 토론했다. 보수와 진보, 자유와 평등, 원칙과 현실. 우리는 열정적으로 논쟁했다. 하지만 지금은 다르다. 친구들과 정치 이야기를 거의 하지 않는다.

왜일까? 의견 차이 때문은 아니다. 우리는 여전히 서로 다른 정치 성향을 가지고 있지만, 그것이 문제가 되지는 않는다. 단지, 우리 모두 바쁘기 때문이다.

이제는 각자의 삶을 살아가느라 바쁘다. 누구는 회사에 다니고, 누구는 대학원에 가고, 누구는 창업을 준비한다. 만날 시간도 부족하고, 만나도 정치 이야기를 할 여유가 없다.

"요즘 어때?" "바빠 죽겠어." "나도."

그게 우리 대화의 전부다. 정치? 그건 이제 우리의 관심사가 아니다. 아니, 관심이 없는 건 아니지만, 우선순위에서 밀렸다.

고등학생 때는 시간이 많았다. 기숙사에서 밤새 토론할 수 있었다. 하지만 지금은 다르다. 각자의 삶이 있고, 각자의 책임이 있으며, 각자의 미래가 있다. 정치는 중요하지만, 당장 내 앞에 놓인 현실이 더 급하다.

그래서 정치 대화는 줄었다. SNS 에서 가끔 정치 관련 글을 올리는 친구들도 있지만, 대부분은 침묵한다. 이재명 정부에 대해, 보수의 미래에 대해, 우리는 이야기하지 않는다. 그냥 각자 살아간다.

20 대, 정치 피로 세대

내 주변을 보면, 동세대들은 정치 피로를 겪고 있다. 친구들은 정치 이야기만 나오면 "에휴" 하고 한숨을 쉰다.

"정치는 다 똑같아."
"누가 해도 달라지는 게 없어."
"이제 관심 끄고 싶어."

나도 피곤하다. 정말로. 노무현의 진심을 봤고, 이명박의 효율을 경험했으며, 박근혜의 배신을 목격했고, 문재인의 이상주의를 겪었으며, 윤석열의 계엄을 당했고, 이제 이재명의 규제를 받고 있다.

여섯 명의 대통령. 스물다섯 해의 삶. 나는 대한민국의 정치사를 온몸으로 경험했다. 그리고 배웠다. 정치인은 완벽하지 않다는 것을. 권력은 사람을 변하게 만든다는 것을. 진보든 보수든, 결국 비슷하다는 것을.

하지만 여전히 정치를 외면할 수는 없다. 왜냐하면 정치는 결국 우리 삶이니까. 외면한다고 사라지지 않는다. 내가 관심을 끄면, 그냥 내가 당할 뿐이다. 부동산 규제가 우리 집을 압박하는 것처럼, 정치는 내 일상에 영향을 미친다.

그래서 나는 피곤하지만, 포기하지 않는다. 지치지만, 외면하지 않는다. 계속 지켜본다. 비판한다. 그리고 선택한다.

보수는 어디로 가야 하는가

두 번의 탄핵 이후, 이 질문이 나를 떠나지 않는다. 보수는 어디로 가야 하는가.

나는 여전히 보수 가치를 믿는다. 자유, 책임, 원칙. 개인의 자유를 존중하고, 자신의 선택에 책임지며, 원칙 안에서 공정하게 경쟁하는 사회. 그게 내가 믿어온 보수다.

하지만 보수 정당은 그 가치를 지키지 않았다. 박근혜는 원칙을 저버렸다. 윤석열은 책임을 회피했다. 그들은 보수의 이름으로 권력을 잡았지만, 정작 보수의 가치는 지키지 않았다.

새로운 보수, 제대로 된 보수는 가능한가? 믿고 싶다. 하지만 확신하지 못한다. 지금의 보수 정당은 폐허다. 국민의힘은 여전히 존재하지만, 신뢰는 바닥이다. 새로운 보수 정당이나 정치인이 나타날 기미도 보이지 않는다.

무너진 건물을 다시 짓기 위해서는 기초부터 다시 세워야 한다. 하지만 그게 가능할까? 누가 할 것인가? 어떻게 할 것인가?

답을 모르겠다. 다만 한 가지는 분명하다. 당이 아닌 가치로서의 보수. 그게 내가 찾는 답일지도 모른다. 어느 당을 지지하느냐가 아니라, 무엇을 믿느냐. 그게 더 중요하다.

이재명 정부, 그리고 나의 선택

나는 이재명을 지지하지 않는다. 하지만 기회는 주겠다. 5 년간 지켜보겠다. 그가 제대로 하면 인정하겠고, 잘못하면 비판하겠다.

"잘하면 인정하고, 못하면 비판한다." 그게 내 원칙이다. 진영 논리에 갇히고 싶지 않다. 내 편, 네 편으로 세상을 나누는 건 이제 지겹다. 옳은 것은 옳고, 틀린 것은 틀리다. 누가 하든 상관없다.

부동산 정책은 잘못되었다고 생각한다. 그래서 비판한다. 하지만 만약 다른 정책에서 잘하는 부분이 있다면, 그것은 인정할 것이다. 공정하게 보려고 노력한다. 비판적이되, 맹목적이지 않으려 한다.

감시와 비판도 계속하겠다. 권력은 감시받아야 한다. 누가 권력을 잡든 상관없다. 박근혜도, 문재인도, 윤석열도 잘못을 저질렀다. 국민이 지켜보고 있다는 것을, 이재명도 잊지 않도록 해야 한다.

나는 여전히 보수인가

"나는 여전히 보수인가?" 그 질문에 나는 이제 확신 있게 답하지 못한다.

자유를 믿고, 책임을 믿고, 원칙을 믿는다. 개인의 자유가 존중받아야 하고, 개인이 자신의 선택에 책임져야 하며, 사회는 명확한 원칙 안에서 작동해야 한다고 믿는다. 그게 보수라면 나는 보수다.

하지만 보수 정당을 믿지는 않는다. 국민의힘을 지지하지 않는다. 박근혜와 윤석열로 대표되는 한국의 보수 정치를 신뢰하지 않는다. 그렇다면 나는 무엇인가?

보수와 진보를 넘어선 가치들. 자유도 중요하고, 평등도 중요하다. 책임도 필요하고, 연대도 필요하다. 원칙도 지켜야 하고, 현실도 봐야 한다. 이 모든 게 중요하다. 어느 하나만 선택할 수 없다. 세상은 그렇게 단순하지 않다.

"보수 정당을 지지하지 않는 보수." 이것이 지금 내 정체성이다. 가치는 믿지만 정당은 불신한다. 원칙을 중요하게 여기지만 현실의 복잡함을 인정한다. 그것이 지금의 나다.

2025년 11월, 그리고 앞으로

2025년 11월. 스물다섯 살의 나는 여전히 혼란스럽다.

보수도, 진보도 완전히 믿지 못한다. 정치인들을 신뢰하지 않는다. 하지만 정치를 외면하지도 않는다. 이재명이 잘할지 모르겠다. 하지만 지켜볼 것이다. 보수가 다시 일어설지 모르겠다. 하지만 그 가치는 포기하지 않을 것이다.

정치는 끝나지 않았고, 나의 여정도 계속된다. 계속 질문할 것이다. 이것이 올바른 정치인가. 이것이 국민을 위한 정치인가. 이것이 우리가 원하는 미래인가.

"나는 무엇을 믿는가?"

나는 사람을 믿는다. 진영이 아니라 사람을. 정당이 아니라 가치를. 구호가 아니라 실천을.

나는 민주주의를 믿는다. 완벽하지 않지만, 그래도 최선이라고. 권력은 국민에게서 나오고, 국민이 감시해야 한다고.

나는 변화를 믿는다. 지금이 최악이라면, 더 나아질 수 있다고. 우리가 포기하지 않는다면, 언젠가는 제대로 된 정치를 볼 수 있다고.

혼란스럽다. 확신할 수 없다. 하지만 그것이 정직한 태도라고 믿는다. 성급하게 답을 내리는 대신, 계속 질문하고 고민하는 것. 그것이 내가 선택한 방식이다.

나는 보수였고, 보수이다. 하지만 그 보수의 의미를, 나는 여전히 찾아가는 중이다. 정당이 아닌 가치로서의 보수. 권력이 아닌 원칙으로서의 보수. 그것을 계속 찾을 것이다.

그리고 이재명 정부 5 년을 살아갈 것이다. 지켜보고, 비판하고, 때로는 인정하며. 피곤하지만 외면하지 않고. 실망하지만 포기하지 않고.

정치는 계속되고, 나의 여정도 계속된다.

1부 에필로그: 시간을 지나, 가치를 묻다

여섯 명의 대통령

노무현부터 이재명까지. 나는 여섯 명의 대통령과 함께 자랐다.

초등학교에 들어가기 전, TV 속에서 따뜻하게 웃던 노무현을 보았다. 초등학생 때는 "일 잘하는 대통령"이라던 이명박 아래에서 살았다. 중학생이 되어 박근혜를 지지했고, 고등학생 시절 문재인을 지켜봤으며, 대학생이 되어 윤석열의 계엄을 목격했고, 지금은 이재명 정부 아래를 살아가고 있다.

스물다섯 해의 삶. 여섯 번의 정권 교체. 세 번의 진보 정권, 세 번의 보수 정권. 각각의 시대는 나에게 다른 질문을 던졌고, 나는 그 질문들 속에서 자랐다.

여섯 시대가 남긴 것들

여섯 개의 시대를 지나며, 나는 배웠다.

노무현은 진심의 한계를 보여줬다. 그는 정말로 국민을 사랑했고, 진심으로 개혁을 원했다. 하지만 진심만으로는 부족했다. 정치는 의지만으로 되지 않았다. 현실의 벽은 높았고, 그는 좌절했다. 진심은 필요하지만, 진심만으로는 충분하지 않다는 것.

이명박은 효율의 양면을 보여줬다. 그는 일을 했다. 빠르게, 강하게. 경제를 살리겠다고 했고, 실제로 많은 것을 했다. 하지만 그 과정에서 무엇을 잃었는가. 4 대강, 자원 외교, 그리고 수많은 그림자들. 효율은 중요하지만, 과정과 결과를 함께 봐야 한다는 것.

박근혜는 신뢰의 무게를 보여줬다. 나는 그녀를 믿었다. 원칙의 정치인, 소통하는 리더십, 보수의 희망. 하지만 그 모든 것은 거짓이었다. 최순실 게이트가 터지고, 탄핵이 이루어졌다. 신뢰는 쌓기 어렵고 무너지기 쉬우며, 한번 무너진 신뢰는 다시 회복할 수 없다는 것.

문재인은 이상과 현실의 괴리를 보여줬다. 그는 아름다운 비전을 제시했다. 평화, 공정, 정의. 촛불의 열망을 담았다. 하지만 현실은 달랐다. 부동산은 폭등했고, 조국 사태가 터졌으며, 이상은 현실 앞에서 무력했다. 이상은 중요하지만, 현실을 외면할 수 없다는 것.

윤석열은 권력의 위험성을 보여줬다. 그는 보수의 부활을 약속했다. 법치, 원칙, 상식. 하지만 그는 계엄으로 모든 것을 무너뜨렸다. 민주주의를 위협했고, 보수를 파괴했다. 권력은 누구든 타락시킬 수 있고, 감시받지 않는 권력은 위험하다는 것.

이재명은 아직 진행 중이다. 나는 그를 신뢰하지 않지만, 기회는 주고 있다. 임기를 지켜볼 것이다. 그가 무엇을 남길지 아직 모른다. 하지만 한 가지는 안다. 어떤 정치인도 완벽하지 않다는 것을. 그리고 그렇기에 더욱 감시하고 비판해야 한다는 것을.

정치인은 완벽하지 않다. 진심도 실패할 수 있고, 효율도 그림자를 만들며, 신뢰도 무너질 수 있고, 이상도 현실과 부딪히며, 권력은 누구든 교만하게 만들 수 있다.

하지만 동시에, 정치를 포기할 수는 없다는 것도 배웠다.

정치는 우리 삶이기 때문이다. 외면한다고 사라지지 않는다. 관심을 끄면, 그냥 내가 당할 뿐이다.

확신에서 혼란으로

어릴 적 나는 세상을 단순하게 봤다. 좋은 사람과 나쁜 사람. 옳은 것과 틀린 것. 보수와 진보. 세상은 명확하게 나뉘어 있다고 생각했다.

중학생이 되어서는 확신을 가졌다. "나는 보수다." 세월호를 겪으며 정부를 불신하게 되었고, 그 불신은 보수로의 확신으로 이어졌다. 나는 명확한 정체성을 가졌다고 생각했다. 보수. 그것이 나였다.

하지만 고등학교 시절, 확신은 의심으로 바뀌었다. 박근혜의 탄핵을 보며, 내가 믿었던 보수가 무너지는 것을 목격했다. "내가 틀렸나?" 광장의 촛불을 보며, 나는 혼란스러웠다.

대학생이 되어, 의심은 방황이 되었다. 문재인 정부를 겪으며 "진보도 답이 아니구나"를 깨달았고, 윤석열 정부를 겪으며 "보수도 또 똑같구나"를 확인했다. 계엄이라는 초유의 사태. 보수는 또다시 스스로 무너졌다.

그리고 지금, 스물다섯의 나는 여전히 혼란스럽다. 확신은 사라졌다. 더 이상 나는 "이게 답이다"라고 말하지 못한다. 세상은 내가 어릴 적 생각했던 것보다 훨씬 복잡했다.

하지만 혼란 속에서도, 나는 질문을 멈추지 않았다.

답을 찾지 못했지만, 올바른 질문을 하는 법은 배웠다. 확신을 잃었지만, 사유하는 법을 배웠다. 혼란스럽지만, 그 혼란조차 성장의 일부라는 걸 안다.

나는 여전히 보수다

그렇다면 나는 이제 무엇을 믿는가?

나는 여전히 보수다. 하지만 그 의미는 달라졌다.

나는 자유를 믿는다. 개인의 자유. 선택의 자유. 표현의 자유. 국가가 개인의 자유를 함부로 침해해서는 안 된다. 개인은 스스로 생각하고, 스스로 선택하며, 그 선택에 책임져야 한다. 이것이 자유다.

나는 기회의 평등을 믿는다. 결과의 평등이 아니라, 기회의 평등. 모든 사람은 공정한 출발선에서 시작할 권리가 있다. 누구나 노력하면 성공할 수 있는 사회. 그것이 공정한 사회다. 하지만 결과까지 평등하게 만들려는 시도는 오히려 불공정을 낳는다.

자유와 기회의 평등. 이것이 내가 믿는 보수의 핵심이다.

정당이 아니라 가치. 권력이 아니라 원칙. 이름이 아니라 실천.

나는 보수 정당을 맹신하지 않는다. 국민의힘을 무조건 지지하지 않는다. 두 번의 탄핵이 그것을 증명했다. 하지만 진보 정권도 무조건 반대하지 않는다. 진보에도 옳은 주장이 있고, 보수에도 틀린 정책이 있다.

당이 아니라 가치를. 진영이 아니라 사람을. 구호가 아니라 실천을.

그것이 1부를 통해 내가 배운 것이다.

1 부는 시간, 2 부는 가치

1 부에서 나는 '시간'을 따라 걸었다. 여섯 개의 정권, 여섯 명의 대통령. 그들과 함께 흐른 내 인생의 시간들. 노무현 정부부터 이재명 정부까지, 시간 순서대로 내가 겪은 정치를 이야기했다.

하지만 이제는 다른 방식으로 정치를 이야기하고 싶다. 시간이 아니라 가치로. 사건이 아니라 주제로. 정치인이 아니라 키워드로.

정치를 살아오며 나는 수많은 단어들과 마주했다. 안보, 자유, 공정, 평등, 민주주의. 그 단어들은 뉴스 속에서, 교과서 속에서, 광장에서, SNS 에서 끊임없이 나를 흔들었다.

그리고 나는 질문했다. "안보란 무엇인가?" "민주주의는 정말 작동하는가?" "공정은 왜 불신의 언어가 되었는가?" "자유와 평등은 양립할 수 있는가?" "나는 무엇을 믿고, 무엇을 지켜야 하는가?"

2 부에서는 이 질문들을 다루려 한다.

시간순이 아니라 주제별로. 정치인이 아니라 키워드로. 사건이 아니라 가치로.

답 없는 세상에서 질문하기

답은 없을 것 같다. 세상은 이분법적으로 나뉘지 않는다.

어릴 적 나는 생각했다. 세상에는 정답이 있고, 그 정답을 찾으면 모든 문제가 해결된다고. 보수가 답이거나 진보가 답이고, 자유가 답이거나 평등이 답이며, 시장이 답이거나 정부가 답이라고.

하지만 자라며 깨달았다. 세상은 그렇게 단순하지 않다. 보수도 진보도 완벽한 답이 아니다. 자유도 평등도 혼자서는 충분하지 않다. 시장도 정부도 각자의 한계가 있다. 모든 것은 맥락에 달려 있다. 상황에 따라 다르다.

그래서 답은 없다. 아니, 정확히는 하나의 답은 없다. 상황마다 다른 답이 있고, 시대마다 다른 해법이 필요하며, 사람마다 다른 가치를 중시한다.

나는 보수지만, 진보의 주장 중에도 옳은 것이 있다고 본다. 나는 자유를 믿지만, 평등도 중요하다고 생각한다. 나는 시장을 신뢰하지만, 정부의 역할도 인정한다.

이것이 모순인가? 아니다. 이것이 현실이다.

세상은 흑백이 아니다. 수많은 색깔들이 섞여 있다.

그렇다면 답이 없는데 왜 질문하는가? 답을 찾지 못할 질문을 왜 계속하는가?

답을 찾기 위해서가 아니다. 질문하는 것 자체가 의미 있기 때문이다.

질문은 사유를 낳는다. 질문은 성찰을 만든다. 질문은 맹목을 깨뜨린다. 답을 안다고 착각하는 순간, 우리는 생각을 멈춘다. 하지만 질문하는 순간, 우리는 다시 생각하기 시작한다.

그래서 나는 질문한다. 답을 찾지 못해도. 확신을 얻지 못해도. 혼란스러워도. 질문하는 것만으로도 의미가 있다고 믿는다.

시간을 지나, 가치를 묻다

여섯 개의 시대가 나에게 질문을 던졌다면, 이제는 내가 질문을 던질 차례다. 정치에게. 사회에게. 그리고 나 자신에게.

노무현부터 이재명까지, 나는 시간을 따라 걸었다. 이제는 가치를 따라 걸으려 한다. 여섯 개의 정권을 지나, 이제 열두 개의 키워드로.

완벽한 답을 찾지는 못할 것이다. 하지만 질문하는 것만으로도 의미가 있다고 믿는다. 사유하는 것만으로도 가치가 있다고 생각한다. 고민하는 것만으로도 성장이라고 여긴다.

1 부는 시간의 기록이었다. 2 부는 가치의 탐구다.

1 부는 내가 겪은 정치였다. 2 부는 내가 믿는 정치다.

시간을 지나, 이제 가치를 묻는다.

혼란스럽지만 포기하지 않고. 확신 없지만 질문하며. 답 없지만 사유하며.

나는 계속 나아간다.

2부

2부 프롤로그: 가치를 묻는 열두 개의 질문

시간에서 가치로

1부는 시간을 따라 흘렀다. 노무현부터 이재명까지, 여섯 개의 정권을 순서대로 이야기했다. 시간의 흐름 속에서 나는 성장했고, 각 시대는 나에게 다른 질문을 던졌다.

하지만 2부는 다르다. 이제는 시간이 아니라 가치를 따라 걷는다. 정권이 아니라 주제를. 대통령이 아니라 키워드를. 사건이 아니라 원칙을.

1부가 "언제, 무엇이 일어났는가"에 대한 기록이라면, 2부는 "나는 무엇을 믿는가"에 대한 탐구다. 1부가 내가 겪은 정치라면, 2부는 내가 생각하는 정치다. 1부가 시간의 증언이라면, 2부는 가치의 고백이다.

왜 키워드인가

정치를 이야기하는 방법은 여러 가지다. 정권별로, 사건별로, 인물별로. 1부에서는 정권별로 이야기했다. 하지만 그 방식으로는 담을 수 없는 것들이 있었다.

어떤 질문들은 특정 정권에 갇히지 않는다. 안보는 노무현 때도, 문재인 때도, 윤석열 때도 중요했다. 공정은 박근혜 때만의 문제가 아니라 조국 사태 때도, 지금도 계속되는 논쟁이다. 자유는 모든 시대를 관통하는 가치다.

그래서 나는 키워드를 선택했다. 시간을 가로지르는 주제들. 정권을 넘나드는 가치들. 그것들을 하나씩 들여다보고 싶었다.

키워드로 이야기하면, 더 깊이 들어갈 수 있다. 한 정권 아래에서만 본 것이 아니라, 여러 정권을 거치며 그 가치가 어떻게 흔들렸는지, 어떻게 변했는지, 나는 어떻게 생각하게 되었는지를 볼 수 있다.

열두 개의 키워드

나는 열두 개의 키워드를 선택했다.

안보, 한미관계, 한일관계, 민주주의, 공정, 자유, 평등, 성평등, 복지, 부동산, 청년정치, 기회.

왜 이 열두 개인가? 두 가지 이유가 있다.

첫째, 이것들이 내게 가장 중요했기 때문이다. 정치를 살아오며 나를 가장 많이 흔든 주제들. 내가 가장 많이 고민한 질문들. 내가 가장 강렬하게 느낀 순간들과 연결된 키워드들. 이것들은 단순한 단어가 아니라, 내 정치적 성장의 이정표다.

둘째, 이것들에 대해 내가 가장 자신 있게 이야기할 수 있기 때문이다. 나는 전문가가 아니다. 모든 주제를 다룰 수는 없다. 환경, 교육, 통일, 경제성장, 과학기술. 중요한 주제들이 많다. 하지만 나는 내가 제대로 이야기할 수 있는 것만 쓰고 싶었다. 피상적으로 모든 것을 다루는 것보다, 열두 개를 깊이 파고드는 것이 낫다고 판단했다.

이 열두 개는 서로 독립적이면서도 연결되어 있다. 안보가 튼튼해야 자유가 보장되고, 민주주의가 작동해야 공정이 가능하며, 평등이 추구되어야 청년에게 기회가 온다. 모든 키워드는 실타래처럼 엮여 있다.

네 개의 파트

열두 개의 키워드는 네 개의 파트로 나뉜다. 각 파트는 세 개의 장으로 구성되며, 하나의 큰 흐름을 가진다.

첫 번째 파트는 '국가와 외교의 시선'이다. 1장 안보, 2장 한미관계, 3장 한일관계. 이 세 장은 대한민국이 국제사회에서 어떻게 존재해야 하는가를 다룬다. 우리는 어떻게 안전을 지키는가? 동맹은 왜 중요한가? 역사와 현실을 어떻게 조화시키는가? 국가의 생존과 번영, 그것이 이 파트의 주제다.

안보는 모든 것의 전제다. 나라가 안전해야 국민이 자유롭다. 한미관계는 우리 안보의 핵심이다. 동맹 없이는 생존할 수 없다. 한일관계는 복잡하다. 역사의 상처와 현실의 필요. 그 사이에서 우리는 무엇을 선택해야 하는가?

두 번째 파트는 '시민과 가치의 성찰'이다. 4장 민주주의, 5장 공정, 6장 자유. 이 세 장은 우리 사회를 지탱하는 핵심 가치들을 다룬다. 민주주의는 어떻게 작동하는가? 공정은 왜 이렇게 논쟁적인가? 자유는 무엇을 의미하는가? 시민으로서 우리가 지켜야 할 가치, 그것이 이 파트의 주제다.

민주주의는 완벽하지 않지만 최선이다. 촛불과 계엄을 겪으며 나는 민주주의의 취약함과 강인함을 동시에 봤다. 공정은 세대의 언어가 되었다. 하지만 공정은 왜 갈등을 낳는가? 자유는 보수의 핵심이다. 하지만 자유는 어디까지인가?

세 번째 파트는 '사회 구조의 재해석'이다. 7장 평등, 8장 성평등, 9장 복지.

이 세 장은 우리 사회의 구조를 어떻게 만들어갈 것인가를 다룬다. 평등은 어디까지 추구해야 하는가? 성평등은 어떻게 이룰 것인가? 복지는 어떤 방식으로 제공되어야 하는가? 사회의 설계, 그것이 이 파트의 주제다.

평등은 중요하다. 하지만 기회의 평등인가, 결과의 평등인가? 성평등은 필요하다. 하지만 20 대 남녀는 왜 이렇게 갈등하는가? 복지는 국가의 책임이다. 하지만 어디까지가 국가의 역할인가?

네 번째 파트는 '세대와 미래의 전망'이다. 10 장 부동산, 11 장 청년정치, 12 장 기회. 이 세 장은 청년 세대가 직면한 현실을 다룬다. 부동산은 왜 이렇게 중요한가? 청년의 목소리는 어떻게 정치에 반영되는가? 기회는 정말 공정하게 주어지는가? 우리 세대의 미래, 그것이 이 파트의 주제다.

부동산은 청년의 절망이다. 집을 살 수 없는 세대. 그 좌절은 정치를 바꾼다. 청년정치는 존재하는가? 2030 은 정치에서 무엇을 원하는가? 기회는 이 모든 것의 핵심이다. 우리에게 정말 기회가 있는가?

네 개의 파트는 하나의 흐름을 만든다. 국가가 안전해야(1 파트) → 시민의 가치가 존중되고(2 파트) → 사회 구조가 공정해야(3 파트) → 세대의 미래가 열린다(4 파트). 이것이 2 부의 논리다.

정답이 아닌, 한 사람의 생각

명확히 하고 싶다. 이것은 정답이 아니다.

나는 전문가가 아니다. 정치학자도, 정책 전문가도, 평론가도 아니다. 나는 스물다섯 살 청년이다. 여섯 개의 정권을 살아온, 보수 가치를 믿는, 하지만 여전히 혼란스러운 한 명의 시민일 뿐이다.

내가 쓰는 것은 학술 논문이 아니다. 정책 제안서도 아니다. 이것은 고백이다. 증언이다. 한 청년이 정치를 살아오며 느낀 것, 생각한 것, 믿게 된 것에 대한 솔직한 기록이다.

어떤 사람들은 내 생각에 동의할 것이다. 어떤 사람들은 강하게 반대할 것이다. 어떤 사람들은 "역시 보수답다"고 말할 것이고, 어떤 사람들은 "이건 보수가 아니다"라고 할 것이다. 모두 괜찮다.

나는 모든 사람을 설득하려는 게 아니다. 나는 다만 정직하게 쓰려 한다. 내가 진짜로 믿는 것을 쓰고, 내가 진짜로 느낀 것을 기록하며, 내가 진짜로 고민한 것을 나누려 한다.

진영 논리에 갇히지 않으려 한다. 보수니까 무조건 이렇게 생각해야 한다는 틀을 거부한다. 정당 노선을 따르지 않으려 한다. 오직 내 양심과 이성에 따라 판단하려 한다.

그래서 2 부는 1 부보다 더 주관적이다. 1 부가 '이런 일이 있었다'는 기록이라면, 2 부는 '나는 이렇게 생각한다'는 고백이다. 1 부가 경험의 증언이라면, 2 부는 가치의 선언이다.

더 깊게 들어간다

2 부는 더 깊게 들어간다.

1 부에서는 사건들을 빠르게 훑었다. 노무현부터 이재명까지, 스물다섯 해의 시간을 담다 보니 각 사건을 깊이 파고들 수 없었다. 개괄적인 이야기, 전체적인 흐름. 그것이 1 부였다.

하지만 2 부는 다르다.

열두 개의 키워드. 각 키워드마다 한 장씩. 이번에는 시간에 쫓기지 않는다. 하나의 주제를 충분히 들여다본다. 안보란 무엇인가? 그것을 천천히 고민한다. 공정이란 무엇인가? 그것을 제대로 탐구한다.

각 장은 하나의 에세이다. 하나의 주제에 대한 나의 생각을 정리한 글. 역사적 맥락도 살피고, 현실의 쟁점도 다루며, 보수와 진보의 시각 차이도 들여다본다. 그 속에서 내가 어떤 입장을 취하는지를 밝힌다.

깊이 들어가면, 더 복잡해진다.

단순했던 것이 복잡해지고, 확신했던 것이 흔들리며, 명확했던 것이 모호해진다. 하지만 그것이 진실에 가까워지는 과정이라고 믿는다. 단순함보다 복잡함이, 확신보다 의심이, 명확함보다 모호함이 때로는 더 정직하다.

20 대 보수로서

이 두 정체성이 만날 때, 독특한 시각이 생긴다. 기성 보수와 다르고, 청년 진보와도 다르다. 나만의 목소리가 있다.

2 부는 그 목소리를 담으려 한다. 20 대가 바라보는 안보. 청년이 느끼는 공정. 보수가 생각하는 평등. 이 교차점에서 나는 무엇을 말할 수 있는가?

나는 대표하지 않는다. 모든 20 대를 대변하지 않고, 모든 보수를 대표하지 않는다. 다만 한 명의 20 대 보수로서, 내가 본 것을 증언하고, 내가 믿는 것을 고백한다.

이제 시작한다

열두 개의 키워드가 기다린다.

안보부터 기회까지. 국가부터 세대까지. 생존부터 미래까지. 나는 이 길을 걷는다.

완벽한 답을 찾지는 못할 것이다. 모든 질문에 답하지는 못할 것이다. 어떤 것은 여전히 혼란스러울 것이고, 어떤 것은 모순되어 보일 수도 있다.

하지만 괜찮다.

나는 완벽함을 추구하지 않는다. 정직함을 추구한다. 확신을 보여 주려 하지 않는다. 고민을 나누려 한다. 결론을 제시하려 하지 않는다. 과정을 기록하려 한다.

1 부는 시간이었다. 2 부는 가치다.
1 부는 겪은 것이었다. 2 부는 믿는 것이다.
1 부는 과거였다. 2 부는 현재이자 미래다.

시간을 지나, 이제 가치를 묻는다.

열두 개의 질문. 네 개의 파트. 하나의 여정.
이제 시작한다.

2부 1장: 안보 — 힘과 평화 사이에서

안보란 무엇인가

나에게 안보란 무엇인가?

생존이다. 전제 조건이다. 모든 것의 시작이다.

자유도, 평등도, 번영도—안전이 보장되지 않으면 의미가 없다. 국가가 존재하는 첫 번째 이유는 국민을 지키는 것이다. 외부의 위협으로부터, 전쟁으로부터, 적으로부터.

안보는 선택이 아니라 필수다. 경제가 무너지면 다시 일으킬 수 있다. 복지가 후퇴하면 다시 확대할 수 있다. 하지만 안보가 무너지면? 나라가 사라진다. 국민이 죽는다. 되돌릴 수 없다.

그래서 안보는 타협할 수 없는 영역이다. 다른 모든 것은 협상의 대상이 될 수 있지만, 안보만큼은 절대 양보할 수 없다.

안보와 자유, 동일한 1 순위

하지만 안보가 모든 것에 우선하는가? 그건 아니다.

나는 자유와 안보를 동일한 1 순위로 본다. 이것이 내 안보관의 핵심이다.

안보가 보장되어야 자유가 가능하다는 말, 어느 정도 맞다. 전쟁이 나면 자유도 사라진다. 그런 의미에서 안보는 자유의 전제다.

하지만 그렇다고 안보가 자유보다 앞서야 한다고는 생각하지 않는다. 안보를 위해 자유를 희생할 수는 없다. 안보를 위해 자유를 제한하는 순간, 우리는 우리가 지키려던 가치를 스스로 무너뜨리는 것이다.

우리가 지키려는 것은 단순히 영토가 아니다. 국민의 목숨만도 아니다. 우리가 지키려는 것은 자유다. 자유로운 삶. 자유로운 사회. 그것이 대한민국이다. 만약 안보를 위해 자유를 포기한다면, 우리는 대한민국을 지키는 것이 아니라 그저 땅덩어리 하나를 지키는 것에 불과하다.

그래서 안보와 자유는 동일한 1 순위다. 둘 다 포기할 수 없다. 하나를 위해 다른 하나를 희생할 수 없다.

자유 제한, 어디까지 가능한가

그렇다면 안보를 위해 자유를 전혀 제한할 수 없는가? 그것도 아니다.

국가 존립이 위협받는 위기 상황이거나, 국민의 생명이 걸린 사항이라면, 자유를 일부 제한할 수 있다. 하지만 최소 범위에서만.

예를 들어보자. 전쟁이 났다. 적이 침공했다. 이런 상황에서 통행을 제한하고, 집회를 금지하며, 언론을 통제하는 것—이것은 정당화될 수 있다. 국가의 존립 자체가 위협받기 때문이다.

대규모 테러가 발생했다. 수천 명의 목숨이 위험하다. 이런 상황에서 일시적으로 이동을 제한하고, 검문 검색을 강화하는 것—이것도 정당화될 수 있다. 국민의 생명을 지켜야 하기 때문이다.

하지만 여기서도 원칙이 있다. 최소 범위. 최소 기간. 최소 강도. 필요한 만큼만. 필요한 기간만. 필요한 정도만. 그 이상은 안 된다.

그리고 가장 중요한 것은 사유의 정당성이다. 대다수의 국민이 납득할 수 있어야 한다. "아, 이 정도 상황이면 자유를 일부 제한할 수밖에 없겠구나." 이렇게 국민이 이해할 수 있어야 한다.

계엄, 그 위험한 경계

계엄은 안보를 명분으로 자유를 침해하는 대표적 사례다. 맞다. 계엄은 자유를 제한한다. 군이 행정권과 사법권을 장악한다. 민주주의가 일시적으로 중단된다.

하지만 계엄 자체가 나쁜 것은 아니다. 계엄은 제도다. 극단적 위기 상황에서 국가를 지키기 위한 마지막 수단이다. 문제는 그 사유다.

계엄의 사유가 대다수 국민이 납득할 수 있을 정도라면—예를 들어 전쟁, 대규모 테러—가능하다고 본다. 물론 이 경우에도 자유는 최소 범위에서만 제한해야 한다.

2024 년 12 월 3 일, 윤석열의 계엄. 나는 그날 밤을 기억한다. 공포와 분노. 그리고 배신감.

왜? 사유가 납득되지 않았기 때문이다.

"야당의 국정 마비"가 계엄 사유가 될 수 있는가? 안 된다. "종북 세력"이 계엄 사유가 될 수 있는가? 안 된다. 전쟁도 없었고, 테러도 없었으며, 국가 존립을 위협하는 어떤 위기도 없었다. 그저 정치적 갈등이 있었을 뿐이다.

그래서 윤석열의 계엄은 정당화될 수 없다. 납득할 수 없다. 그것은 안보를 위한 계엄이 아니라 권력을 위한 계엄이었다.

계엄은 칼이다. 국가를 지키는 칼. 하지만 칼은 양날이다. 잘못 쓰면 국민을 베고, 민주주의를 파괴한다. 그래서 계엄은 극도로 신중해야 하고, 사유는 명확해야 하며, 국민의 동의가 있어야 한다.

북한, 분명한 적

그렇다면 우리의 안보를 위협하는 것은 무엇인가? 북한이다.

북한은 분명한 '적'이고 '반국가 단체'다. 이것은 선택의 문제가 아니다. 현실이다. 북한은 비상식적인 집단이다. 독재 체제를 유지하고, 국민을 억압하며, 핵을 개발하고, 우리를 위협한다. 천안함을 침몰시켰고, 연평도를 포격했으며, 끊임없이 도발한다.

그런데 어떤 사람들은 북한을 "대화의 상대"로 본다. 같은 민족이라고, 평화를 만들어야 한다고, 화해해야 한다고 말한다. 나는 동의하지 않는다. 북한을 대화의 상대로 보는 순간, 우리는 경계를 늦춘다. 그리고 경계를 늦추는 순간, 우리는 위험해진다.

같은 민족이라는 감상은 위험하다. 혈연이나 민족 같은 감정적 유대가 안보를 대신할 수 없다. 북한이 우리와 같은 민족이든 아니든, 그들이 우리를 위협하는 한 적이다.

북한이 변할 때까지, 그들은 적으로 봐야 한다. 현재 상황에서 북한과의 평화 공존을 이야기하기에는 시기상조다. 북한은 화전 양면 전술을 쓴다. 평화를 말하면서 핵을 개발하고, 대화를 요청하면서 미사일을 쏜다.

북한이 변할 가능성은 지금으로서는 희박하다. 체제를 유지하는 한, 핵을 포기하지 않을 것이다. 핵이 그들의 생존 수단이기 때문이다.

대화, 그러나 힘에서

그렇다면 대화는 필요한가? 필요하다. 하지만 방식이 중요하다.

우리가 먼저 대화를 요청해서는 안 된다. 북한이 스스로 대화 테이블에 우리를 초청하도록 만들어야 한다. 그러기 위해서는 전방위적인 압박이 필요하다.

경제 제재, 외교적 고립, 군사적 압박. 북한이 "대화하지 않으면 더 손해"라고 체감하게 만들어야 한다. 그때 비로소 진정한 대화가 가능하다. 대화는 힘에서 나온다.

그렇다면 언제 대화가 우선이 되어야 하는가? 두 가지 경우다.

첫째, 정말 전쟁이 임박한 상황에서 이를 풀어야 할 때다. 1962 년 쿠바 미사일 위기 당시, 미국과 소련은 핵전쟁 직전까지 갔다. 그 순간 대화가 전쟁을 막았다. 생존이 걸린 순간, 대화는 선택이 아니라 필수다.

둘째, 북한이 우리를 대화 테이블로 초청할 때다. 그들이 먼저 손을 내밀 때. 우리의 압박에 견디지 못해, 고립에 지쳐서, 그들이 "대화하자"고 할 때. 그때가 진짜 대화의 기회다.

하지만 우리가 먼저 간절하게 대화를 청하는 것? 그것은 약점을 드러내는 일이다. 북한은 그것을 이용한다. 대화만 하고 실질적으로는 아무것도 변하지 않는다.

평화를 위한 전쟁 준비

"평화를 원한다면 전쟁을 준비하라."

이것이 내 안보관의 핵심이다. 평화는 선의로 오지 않는다. 평화는 힘의 균형에서 온다. 서로가 서로를 공격하면 둘 모두 망한다는 상호확증파괴(MAD). 그 공포 속에서 평화가 유지된다.

냉전 시대, 미국과 소련이 전쟁하지 않은 이유는 평화를 사랑해서가 아니다. 핵무기를 가지고 있었기 때문이다. 서로를 파괴할 수 있는 힘이 있었기 때문에, 전쟁을 하지 않았다.

한반도도 마찬가지다. 북한이 핵을 가지고 있다. 우리도 가져야 한다. 그것이 진짜 평화를 만드는 길이다. 힘이 있어야 평화를 지킬 수 있다. 적이 우리를 우습게 보지 않게 해야 한다. 준비된 자만이 평화를 누린다.

핵무장, 현실과 이상 사이

"평화를 위한 전쟁 대비는 핵무장까지 가야 한다."

나는 이것이 논란이 될 것을 안다. 한국의 핵무장은 국제 사회의 반발을 살 것이고, 동맹 관계에 균열을 만들 수도 있다. NPT(핵확산금지조약) 체제를 무너뜨릴 것이고, 주변국의 우려를 낳을 것이다.

하지만 현실을 봐야 한다. 북한은 핵을 포기하지 않을 것이다. 그렇다면 우리는 어떻게 살아남을 것인가? 미국의 핵우산만 믿고 있을 것인가?

미국의 핵우산은 중요하다. 한미 동맹의 핵심이다. 하지만 그것만으로 충분한가? 미국이 정말 우리를 위해 핵을 사용할 것인가? 로스앤젤레스를 희생하면서 서울을 지킬 것인가? 확신할 수 없다.

그래서 자체 억지력이 필요하다. 우리 스스로 북한을 억지할 수 있는 힘. 그것이 핵이다.

물론 KAMD(한국형 미사일 방어 체계)가 있다. 정말 훌륭한 체계다. 북한의 미사일을 요격할 수 있다. 킬체인(Kill Chain)도 있다. 북한이 미사일을 발사하기 전에 선제 타격하는 시스템. 이것들도 중요하다.

하지만 그럼에도 불구하고 핵은 다르다. 핵은 선진국과 개발도상국 모두가 두려워하는 무기다. 핵을 가진 나라와 안 가진 나라의 차이는 절대적이다. 이는 안보 확립에 분명히 필요하다.

핵무장은 현실적으로 어렵다. 미국이 허용하지 않을 것이다. 국제 사회가 반대할 것이다. 중국과 러시아가 강하게 반발할 것이다. 일본도 핵무장을 시도할 것이다.

하지만 그럼에도 불구하고, 계속해서 시도는 해야 한다. 공개적으로는 아니더라도, 외교적으로, 전략적으로. "우리도 핵무장을 고려할 수 있다"는 카드를 가지고 있어야 한다. 그것만으로도 협상력이 생긴다.

그리고 만약—정말 만약—북한의 핵 위협이 통제 불가능해지고, 미국의 핵우산이 신뢰할 수 없게 되며, 우리의 생존이 걸린 순간이 온다면? 그때는 핵무장을 진지하게 고려해야 한다. 생존이 걸린 문제에서는 모든 선택지가 열려 있어야 한다.

진보의 안보관, 배울 점과 문제점

그렇다면 진보의 안보관은 왜 받아들이기 어려운가?

틀렸다고 말하고 싶지는 않다. 내가 정답이 아니기 때문이다. 하지만 위험하다고 본다.

진보는 북한을 너무 "대화의 상대"로만 본다. 이상주의적이고 현실을 외면한다. 평화를 말하지만, 그 평화가 어떻게 가능한지 구체적 방법이 없다.

가장 큰 문제는 북한에 대한 유화책이다. 지금은 유화책이 중요한 게 아니라 북한을 압박하는 것이 중요하다. 퍼주면 화답할 것이라는 기대는 순진하다. 역사가 증명했다. 북한은 받기만 하고 변하지 않는다.

하지만 공정하게 말하자면, 진보의 정책이 완전히 잘못됐다고, 완전히 실패했다고 볼 수는 없다.

햇볕정책. 김대중 대통령의 대북 정책. 남북 정상회담을 이뤄냈고, 금강산 관광을 시작했으며, 남북 화해의 물꼬를 텄다. 이것이 의미 없었다고 말할 수는 없다.

문재인 대통령의 판문점 회담. 2018 년 4 월 27 일. 남북 정상이 손을 잡고 군사분계선을 넘나들었다. 전 세계가 주목했고, 평화의 희망이 보였다. 그 순간이 무의미했다고 말할 수는 없다.

하지만 그로 인해 발생한 안보의 공백은 묵과할 수 없다.

햇볕정책 시기, 북한은 핵을 개발했다. 우리가 지원하는 동안, 그들은 핵 프로그램을 진행했다. 대화하는 척하면서, 뒤에서는 무기를 만들었다.

판문점 선언 이후, 무엇이 변했는가? 북한은 핵을 포기했는가? 아니다. 미사일 실험을 멈췄는가? 아니다. 개성 연락사무소를 폭파했고, 도발을 계속했으며, 우리의 기대를 배신했다.

이것이 안보의 공백이다. 우리가 평화를 믿는 동안, 북한은 준비했다. 우리가 대화에 집중하는 동안, 그들은 힘을 키웠다. 그 결과, 우리는 더 위험해졌다.

그래서 나는 말한다. 진보의 안보관이 완전히 틀린 것은 아니다. 대화도 필요하고, 평화도 추구해야 한다. 하지만 그것만으로는 부족하다. 현실을 봐야 한다. 적을 적으로 인식해야 한다. 힘이 있어야 대화가 가능하다.

통일, 이상과 실리 사이

그렇다면 통일은 어떻게 생각하는가?

통일은 가능하면 하는 방향으로 가는 것이 좋을 것 같다. 하지만 필수는 아니다.

만약 통일이 된다면, 남한 중심의 흡수 통일이어야 한다. 1 국가 2 체제인 연방제 같은 방식에는 강하게 반대한다. 북한 체제를 인정하면서 통일한다고? 그건 통일이 아니라 북한 체제의 연명일 뿐이다.

북한의 체제는 유지될 수 없다. 독재, 인권 탄압, 주민 학대. 그런 체제가 계속 존재해서는 안 된다. 통일은 자유민주주의 체제로의 통합이어야 한다. 다시 말해, 남한 주도의 흡수 통일이어야 한다는 뜻이다.

헌법적으로도 통일은 국토 수복의 문제다. 대한민국 헌법 제 3 조는 "대한민국의 영토는 한반도와 그 부속 도서로 한다"고 규정한다. 헌법상 북한 지역은 우리 영토다. 불법 점거된 우리 땅을 되찾는 것, 그것이 통일이다.

하지만 감정이 아니라 실리로 접근해야 한다. "같은 민족이니까 통일해야 한다"는 논리는 더 이상 설득력이 없다. 통일이 우리에게 이득이 되는가? 경제적으로, 안보적으로, 사회적으로 득이 되는가를 냉정하게 따져야 한다.

통일 비용을 세금으로 낼 의향은 있다. 하지만 전제가 있다. 비용 대비 효율이다. 우리가 내는 세금만큼, 아니 그 이상의 이득이 보장되어야 한다.

구체적으로 얼마까지 낼 수 있는가? 비용을 봐야 알 것 같다. 하지만 원칙은 명확하다. 비용 대비 효율이 나온다면 높은 금액도 납부할 의사가 있다.

실리적 통일이란 무엇인가? 경제 성장이 크게 늘어나거나, 일자리가 대규모로 창출되는 것이다. 북한 지역의 자원을 활용하고, 시장을 확대하며, 인구를 늘리는 것. 그것이 실리다.

독일 통일의 사례를 보라. 통일 후유증이 얼마나 컸는지. 우리도 그럴 것이다. 아니, 더 심할 것이다. 남북한의 격차가 동서독보다 훨씬 크기 때문이다.

그렇다면 굳이 지금 통일을 서두를 이유가 있는가? 없다. 북한이 변하지 않는 한, 통일은 재앙이 될 수 있다. 준비되지 않은 통일은 남북 모두를 불행하게 만든다.

통일의 조건과 중국 변수

그렇다면 언제 통일이 가능한가? 북한 체제가 무너진 후다.

북한 붕괴는 어떻게 일어날까? 분명히 쿠데타로 일어날 것이다. 민중 봉기? 불가능하다. 북한 주민들은 힘이 없다. 정보도 없고, 조직도 없으며, 무기도 없다. 그들이 스스로 일어나기는 어렵다.

북한은 선군 정치 국가다. 군의 힘이 절대적이다. 만약 체제가 무너진다면, 그것은 군부 쿠데타일 것이다. 군 내부의 불만이 폭발하고, 장성들이 김정은을 제거하며, 새로운 지도부가 들어서는 시나리오.

가능성은 희박하다. 상호 감시 체제인 북한에서 쿠데타는 어렵다. 하지만 불가능하지는 않다.

만약 쿠데타가 실제로 발생한다면? 우리는 어떻게 해야 하는가?

국가는 국토 수복을 위한 마지막 기회로 판단하고, 북한 지역에 적극적으로 개입해야 한다. 군사적으로, 외교적으로, 경제적으로. 북한 지역을 안정시키고, 새로운 체제를 세우며, 남한 중심의 통일을 이루는 것. 그것이 우리가 해야 할 일이다.

하지만 여기에 큰 변수가 있다. 중국이다.

북한 붕괴 시, 중국이 북부 지역에 개입할 가능성이 높다. 중국은 한반도 전체가 미국의 동맹인 대한민국으로 통일되는 것을 원하지 않는다. 그들은 완충 지대를 원한다. 그래서 북한이 무너지면, 중국은 개입할 것이다.

이를 외교로 저지해야 한다. 미국, 일본, 국제사회와 협력하여 중국의 개입을 막아야 한다. "북한은 대한민국의 영토다. 중국의 개입은 주권 침해다." 이렇게 명확하게 선을 그어야 한다.

쉽지 않다. 중국은 강대국이고, 우리의 최대 무역 상대국이며, 북한과 국경을 접하고 있다. 하지만 그럼에도 불구하고, 우리는 막아야 한다. 통일은 우리의 일이다. 중국이 간섭할 문제가 아니다.

20 대가 바라보는 안보

나는 전쟁을 겪지 않은 세대다.

한국전쟁은 1950 년에 일어났다. 나는 2001 년생이다. 50 년의 간격. 전쟁은 역사책 속 이야기다. 할아버지, 할머니 세대의 기억이지, 내 경험이 아니다.

그래서 어떤 사람들은 말한다. "20 대는 전쟁을 모른다. 평화가 얼마나 소중한지 모른다. 그래서 안보를 가볍게 본다."

틀렸다.

나는 전쟁을 겪지 않았지만, 북한의 도발을 봤다. 천안함 침몰, 연평도 포격, 끊임없는 미사일 발사. 그것들을 보며 안보를 중시하게 되었다.

북한은 실질적인 우리의 적이고 위협이다. 관념적으로 볼 문제가 아니다. 2010 년 천안함 사건 때 나는 초등학교 3 학년이었다. 46 명이 죽었다. 지금 그들의 나이가 되어 생각한다. 그들은 나였을 수 있다. 그리고 북한은 여전히 위협한다.

20 대는 안보를 다르게 본다. 기성세대와 달리, 우리는 전쟁의 공포를 직접 겪지 않았다. 하지만 동시에, 우리는 북한의 위협을 실시간으로 봤다. 뉴스로, SNS 로, 미사일 경보로.

그래서 우리의 안보관은 감정적이지 않다. 이념적이지도 않다. 실용적이다. "북한이 위협하니까, 우리는 준비해야 한다." 그게 전부다. 민족이니, 통일이니, 그런 감상적 이야기는 우리에게 설득력이 없다.

20 대는 안보를 생존의 문제로 본다. 이상의 문제가 아니라, 현실의 문제로. 그래서 우리는 강한 안보를 원한다. 힘 있는 국방을. 실질적인 억지력을.

안보, 보수의 첫 번째 가치

안보는 보수의 첫 번째 가치다.

자유, 책임, 원칙. 보수가 지키는 가치는 많지만, 그 모든 것의 기반은 안보다. 안보가 무너지면 모든 것이 무너진다. 자유도, 번영도, 우리가 쌓아 온 모든 것이.

그래서 나는 믿는다. 평화는 원하지만 현실적이어야 한다고. 대화는 하되 경계는 늦추지 말아야 한다고. 힘 있는 평화가 진짜 평화라고.

북한이 변할 때까지, 그들은 적이다. 그리고 우리는 준비되어 있어야 한다. 전쟁을 원하지 않지만, 전쟁을 두려워하지도 않는다. 평화를 사랑하지만, 평화를 위해 안보를 포기하지는 않는다.

안보와 자유. 이 둘은 동일한 1 순위다. 하나를 위해 다른 하나를 희생할 수 없다. 둘 다 지켜야 한다. 그것이 대한민국이다.

통일은 이상이 아니라 실리로 접근해야 한다. 감정이 아니라 계산으로. 민족이 아니라 국익으로. 그것이 책임 있는 태도다.

진보의 안보관에서 배울 점도 있다. 대화의 중요성, 평화의 가치. 하지만 그것만으로는 부족하다. 현실을 봐야 한다. 힘이 있어야 대화가 가능하다.

이것이 보수로서 내가 지키는 첫 번째 가치다. 안보. 생존. 준비.

평화를 원한다면, 전쟁을 준비하라.

2부 2장: 한미 관계 — 동맹의 무게를 배우다

한미 동맹은 필수다

한미 동맹은 필수다.

선택의 문제가 아니다. 이념의 문제도 아니다. 생존의 문제다.

한미 동맹이 없다면 대한민국은 안보 위기에 직면한다. 많은 사람들이 북한만 떠올리지만, 진짜 문제는 북한이 아니다. 러시아와 중국이다.

이들은 강대국이다. 유엔 안보리 상임이사국이고, 핵무기를 보유하고 있으며, 지정학적으로 우리 바로 위에 있다. 미국이 빠진다면, 한국은 지정학적으로 위태롭다.

북한은 우리 스스로도 막을 수 있다. 이미 국방력 격차가 크다. 하지만 중국과 러시아는 다르다. 그들은 우리가 혼자서는 상대할 수 없는 세력이다.

그래서 동맹이 필요하다.

지정학의 숙명

한반도는 대륙 세력과 해양 세력이 충돌하는 지점이다. 역사적으로 늘 그랬다.

중국, 러시아 같은 대륙 세력과 미국, 일본 같은 해양 세력. 우리는 그 사이에 있다. 반도 국가의 숙명이다. 어느 한쪽도 무시할 수 없고, 어느 한쪽에도 완전히 속할 수 없다. 하지만 그 위치에서 홀로 서는 것은 불가능하다.

균형 외교? 이상적으로 들리지만 현실적이지 않다. 역사를 보면 알 수 있다. 중립을 지키려 한 나라들이 어떻게 되었는지. 결국 어느 한쪽을 선택해야 한다. 그리고 그 선택은 명확하다. 미국이다.

왜? 가치를 공유하기 때문이다. 자유민주주의, 시장경제, 인권. 우리가 지키려는 가치가 같다.

중국이나 러시아와는 이 가치를 공유할 수 없다. 그들은 권위주의 국가다. 독재 체제를 유지하고, 인권을 억압하며, 국가가 모든 것을 통제한다. 우리가 원하는 사회가 아니다.

그래서 한미 동맹은 단순한 군사 동맹이 아니다. 가치 동맹이다. 같은 것을 믿고, 같은 것을 지키려는 나라들의 연대다.

동맹이 준 것들

한미 동맹은 우리의 군사력을 증대시켜 주었다.

첨단 무기 기술, 정보 공유, 연합 훈련. F-35 스텔스 전투기, 이지스 구축함, 패트리어트 미사일. 이런 첨단 무기들을 우리는 미국의 도움으로 확보했다. 기술 이전도 받았고, 공동 개발도 했다.

정보 공유도 중요하다. 북한의 움직임, 중국의 군사 동향, 사이버 위협. 이런 정보들을 미국과 공유한다. 우리 혼자서는 얻을 수 없는 정보들이다. 위성, 정찰기, 첩보망. 미국의 정보력은 세계 최강이다.

연합 훈련도 빼놓을 수 없다. 키 리졸브, 독수리 훈련, 을지 프리덤 가디언. 매년 미국과 함께 훈련한다. 실전 같은 훈련. 그 과정에서 우리 군은 발전했고, 작전 능력이 향상되었다.

이로 인해 국방에 대한 부담이 조금은 줄었다. 우리 혼자 모든 것을 감당할 필요가 없어졌다. 미국이라는 든든한 동맹이 있다. 그 안정감. 그것이 한미 동맹의 가치다.

방위비 분담은 필수적이다. 미국이 우리를 지켜주는 대가다. 불편하지만 현실이다. 공짜는 없다. 미국도 자국의 군인들을 파견하고, 무기를 배치하며, 예산을 쓴다. 우리도 분담해야 한다.

미국, 혈맹이라는 이름

국가로서, 미국은 자유민주주의를 대표하는 국가다. 불완전하지만, 그래도 인류가 만든 가장 성공적인 민주주의 국가다. 건국 이래 240 년 넘게 민주주의를 유지했다. 권력이 평화적으로 이양되고, 법치가 작동하며, 인권이 보장된다.

물론 완벽하지 않다. 인종 차별, 총기 문제, 양극화. 미국도 문제가 많다. 하지만 그럼에도 불구하고, 미국은 여전히 자유 세계의 등대다. 그리고 동맹으로서, 미국은 한국전쟁에서 우리와 피를 나눴다.

1950 년 6 월 25 일. 북한이 남침했다. 우리는 무너졌다. 부산까지 밀렸다. 그때 미국이 왔다. 유엔군의 이름으로, 하지만 실질적으로는 미군이. 인천상륙작전. 서울 탈환. 압록강까지. 미군 없었다면 대한민국은 사라졌을 것이다.

36,574 명.

한국전쟁에서 전사한 미군의 수다. 3 만 6 천 명이 넘는 젊은이들이 한반도에서 죽었다. 그들은 왜 죽었는가? 한국을 지키기 위해서. 그들 대부분은 한국이 어디 붙어 있는지도 몰랐을 것이다. 하지만 왔고, 싸웠고, 죽었다.

베트남전쟁도 마찬가지다. 미국이 요청했고, 우리가 파병했다. 32 만 명의 한국군이 베트남에 갔다. 5,099 명이 전사했다. 우리는 미국과 함께 싸웠다. 동맹이란 그런 것이다. 서로를 위해 피를 흘리는 것.

그래서 혈맹이다. 단순한 말이 아니다. 실제로 피를 나눈 관계다.

그 무게를 잊어서는 안 된다.

환상 없는 신뢰

미국이 우리를 지켜줄 거라고 본다. 하지만 환상은 없다.

미국이 우리를 지키는 이유는 우리나라를 사랑해서가 아니다. 미국의 이익 때문이다. 그리고 그것으로 충분하다.

한국은 중국의 태평양 패권을 저지할 수 있는 좋은 위치에 있다. 한국은 바둑에서 이야기하는 급소와 같다. 적의 급소는 곧 나의 급소라고 하지 않는가. 한국은 미국의 급소이면서 중국의 급소이기도 하다.

만약 한국이 중국 편에 선다면? 미국의 태평양 전략은 무너진다. 일본도 위험해진다. 미국의 아시아 패권이 흔들린다. 그래서 미국은 한국을 지킨다. 한국을 잃으면 안 되기 때문이다. 감정이 아니라 계산이다. 그리고 그것으로 충분하다.

사실 그게 더 안전하다. 감정은 변할 수 있지만, 이익은 명확하다. 미국이 한국을 버리는 것은 미국에게 손해다. 그 계산이 변하지 않는 한, 동맹은 유지된다.

동맹은 사랑이 아니라 이익으로 유지된다. 그게 현실이다.

그리고 나는 현실주의자다.

자주국방의 한계

자주국방은 어떤가? 이상적으로는 좋다. 누구의 도움도 받지 않고 우리 스스로 지킨다는 것. 멋진 말이다. 하지만 불가능하다.

자주국방이 불가능한 이유는 지정학 때문이다. 북한은 이미 우리 스스로 방어할 수 있을 만큼 국방력 격차가 벌어졌다. 문제는 그 위에 있는 중국이다.

한국의 기본 국방 전략은 고슴도치 전략이다. 중국이 우리를 공격한다면, 우리는 적어도 상당한 피해를 입힐 수 있다는 위협을 가하는 것. 그것이 고슴도치 전략인데, 이 전략은 위태롭다.

우리는 상호확증파괴(MAD) 전략으로 가야 한다. 우리를 망하게 한다면 상대국도 망한다는 것을 보여줘야 한다. 그래야 전쟁이 일어나지 않는다. 이것이 진짜 억지력이다.

하지만 이는 우리 힘만으로는 불가능하다. 우리는 기본적으로 핵무기가 없다. 언젠가 우리도 핵 개발이 가능해진다면 자주국방이 가능할지도 모른다. 하지만 지금은 아니다.

그래서 동맹이 필요하다. 미국의 핵우산이 필요하다. 자존심보다 생존이 우선이다. 자주는 좋지만, 망하면 소용없다.

종속이 아니라 의존

미국 종속"이라는 비판이 있다. 우리는 미국에 종속된 것이 아니다.

미국에 대한 의존성이 높은 것은 맞다. 안보적으로 우리는 미국에 많이 의존한다. 하지만 우리는 자주적인 국가다. 종속으로 보는 것은 비약이다.

"미국 식민지"라는 이야기도 있다. 과도한 비약이다. 우리는 독립 국가이고, 주권을 가지고 있으며, 스스로 결정한다. 동맹은 양자 간의 합의다. 강요가 아니다.

의존과 종속은 다르다. 의존은 필요에 의한 선택이고, 종속은 강요된 복종이다. 우리는 의존하지만 종속되지 않았다.

만약 미국의 국익이 우리 국익과 충돌할 때는? 우리의 국익을 우선시해야 한다. 우리는 미국의 식민지가 아니다. 동맹이지, 종속이 아니다. 때로는 미국에게 "아니요"라고 말할 수 있어야 한다.

이라크 전쟁 때를 보자. 미국이 파병을 요청했다. 우리는 파병했다. 하지만 그것은 우리의 선택이었다. 강요받은 게 아니라, 동맹의 의무를 다한 것이다. 그리고 그 대가로 한미 FTA 협상을 진전시켰다. 외교는 주고받는 것이다.

한중 관계의 딜레마

한중 관계는 어떤가? 한중 관계보다는 한미 동맹이 중요하다.

중국은 우리의 우방국이라고 볼 수 없다. 경제적으로 중요한 파트너이지만, 안보적으로는 잠재적 위협이다. 반면 미국은 우리의 우방국이다. 감정의 문제가 아니라 실리의 문제로, 미국은 우리 편이다.

사드 배치 이슈를 보라. 2016 년, 우리는 사드(THAAD, 고고도 미사일 방어체계)를 배치하기로 했다. 북한의 미사일 위협에 대응하기 위해서였다. 우리 국방을 위한 것이었다.

그런데 중국이 반발했다. 경제 보복을 했다. 한류 금지, 관광 제한, 롯데 매장 폐쇄. 우리 기업들이 피해를 입었다. 왜? 우리가 우리 땅에 우리 안보를 위해 무기를 배치했는데, 왜 중국의 허락을 받아야 하는가?

이것은 내정 간섭이다. 주권 침해다. 우리는 독립 국가다. 우리가 우리 안보를 위해 내리는 결정에 다른 나라가 간섭할 권리가 없다.

하지만 현실은 복잡하다. 중국은 우리의 최대 무역 상대국이다. 우리 수출의 약 25%가 중국으로 간다. 중국 시장을 잃으면 우리 경제가 타격을 입는다.

"경제는 중국, 안보는 미국"이 가능한가? 가능하게 만들어야 한다. 이것은 외교로 풀어야 한다.

중국 의존도를 줄이기는 어려울 것 같다. 지리적으로 가깝고, 시장도 크며, 이미 우리 경제가 깊이 연결되어 있다. 완전히 끊는 것은 현실적이지 않다.

중국 시장도 경제 성장을 위해 포기할 수 없다. 14 억 인구, 세계 2 위 경제 대국. 그 시장을 포기한다? 우리 경제가 감당할 수 없다.

그렇다면 답은? 외교로 잘 풀어나가야 한다. 중국이 경제적으로 우리를 포기할 수 없게끔 만들어야 한다. 우리도 중국 시장이 필요하지만, 중국도 우리가 필요하다는 것을 보여줘야 한다.

반도체, 배터리, 디스플레이. 중국도 우리 기술이 필요하다. 그 카드를 활용해야 한다. 균형 외교가 아니라 전략적 외교다. 안보는 확실하게 미국과 함께 가되, 경제는 중국과도 협력한다. 하지만 중국의 압박에는 굽히지 않는다.

미중 갈등과 우리의 선택

미중 갈등이 심화되고 있다. 무역 전쟁, 기술 패권, 남중국해, 대만 문제. 미국과 중국은 이제 명백한 경쟁 관계다.

그리고 우리는 그 사이에 있다. 양자택일을 강요받을 수도 있다. "미국이냐, 중국이냐." 만약 정말 선택해야 한다면?

미국이어야 한다.

첫째, 가치를 공유하기 때문이다. 자유민주주의. 우리가 지키려는 체제다. 중국은 권위주의 국가다. 우리가 원하는 미래가 아니다.

둘째, 안보 때문이다. 중국은 북한을 지원한다. 북한의 후견인이다. 만약 우리가 중국 편에 선다면, 북한 문제를 어떻게 해결하는가? 불가능하다.

셋째, 현실적으로 미국을 버리고 중국을 선택하는 것은 자살 행위다. 한미동맹이 깨지면 우리 안보는 무너진다. 주한미군이 철수하면 북한이 어떻게 나올까? 중국이 어떻게 압박할까?

물론 앞에서도 언급했지만 중국과의 관계도 중요하다. 완전히 끊을 수는 없다. 하지만 최종 선택에서는 미국이어야 한다. 경제적 손실이 있더라도, 안보와 가치가 우선이다.

나는 미국을 어떻게 보는가

나는 미국을 우호적으로 본다.

특정 분야만 우호적으로 보는 것은 아니다. 미국 문화도 좋아하고, 미국 정치도 존중하며, 미국이라는 나라 자체에 호감을 가지고 있다.

미국 문화. 할리우드 영화, 팝송, NBA, 실리콘밸리. 나는 미국 문화 속에서 자랐다. 어벤져스를 보고, 아이폰을 쓰며, 넷플릭스를 본다. 미국 문화는 내 일상의 일부다.

하지만 그것을 넘어서, 나는 미국이라는 국가를 존중한다. 민주주의의 실험. 이민자의 나라. 기회의 땅. 물론 완벽하지 않다. 문제도 많다. 하지만 그럼에도 불구하고, 미국은 여전히 위대한 나라다.

미국의 이중성도 안다. 중동에서 전쟁을 일으키고, 남미에 개입하며, 자국 이익을 위해서는 원칙도 저버린다. 미국이 천사는 아니다. 강대국의 오만함도 있고, 제국주의적 행태도 보인다.

하지만 그럼에도 불구하고, 미국은 우리의 동맹이다. 그리고 나는 그 동맹을 지지한다. 비판적 지지. 맹목적으로 따르지는 않지만, 기본적으로 신뢰한다.

트럼프 vs 민주당

트럼프 시대를 기억한다. 방위비 분담금 인상 요구. "미국 우선주의." 동맹도 거래라는 노골적인 태도. 불편했다. 솔직히 인정한다.

하지만 이해할 수 있다. 동맹도 거래는 맞다. 서로의 실리를 위해 손을 잡고 있는 것이지, 감정으로 외교를 보아서는 안 된다. 미국도 자국의 이익을 챙기려 한다. 당연하다. 우리도 그래야 한다.

그런데 트럼프가 한국에 더 좋은 것 같다. 왜? 트럼프는 거래를 한다. 명확하다. "이것을 주면 저것을 달라." 예측 가능하다. 그리고 북한에 강경하다. 김정은과 회담도 했지만, 동시에 압박도 했다. "화염과 분노." 북한이 긴장했다.

민주당은 어떤가? 바이든 행정부. 동맹 복원을 이야기했다. 트럼프가 흔든 동맹을 다시 세우겠다고. 좋다. 하지만 북한에는 너무 유화적이다. 대화를 강조하지만, 북한은 움직이지 않는다.

나는 공화당을 더 선호한다. 공화당이 보수이고, 나도 보수이기 때문이기도 하다. 하지만 그것만이 아니다. 공화당이 한국에 더 실리적이라고 본다. 강한 국방, 명확한 거래, 북한에 대한 압박. 이것이 우리에게 더 유리하다.

물론 공화당도 완벽하지 않다. 방위비를 과도하게 요구할 수도 있고, 때로는 일방적일 수도 있다. 하지만 전체적으로 보면, 공화당이 한국의 안보에 더 도움이 된다고 생각한다.

미국 쇠퇴 시나리오

미국이 쇠퇴할 가능성은 가까운 미래에는 없어 보인다.

많은 사람들이 "미국의 쇠퇴"를 이야기한다. 중국이 부상하고, 미국이 내부 문제로 약해지며, 패권이 넘어간다고. 하지만 나는 회의적이다.

미국은 여전히 압도적이다. 군사력, 경제력, 기술력, 소프트파워. 모든 면에서 미국은 1위다. 중국이 빠르게 성장하고 있지만, 아직 미국을 넘지 못했다.

그리고 중국도 문제가 많다. 인구 고령화, 부채 위기, 권위주의의 한계. 중국이 미국을 추월하기는 쉽지 않을 것이다.

물론 장기적으로는 모른다. 50년 후, 100년 후에는 세계가 어떻게 바뀔지 알 수 없다. 하지만 적어도 내가 사는 동안, 그러니까 앞으로 수십 년간은 미국이 여전히 패권국일 것이다.

만약—정말 만약—미국이 쇠퇴한다면? 그때는 다시 생각해야 한다. 하지만 지금은 아니다. 지금은 미국과 함께 가야 한다.

통일 후에도 동맹은 유지되어야

통일이 된다면? 그때도 한미동맹은 유지되어야 한다.

어떤 사람들은 말한다. "통일되면 한미동맹이 필요 없다. 북한이라는 위협이 사라지니까." 틀렸다.

북한이 사라져도 중국과 러시아는 남는다. 통일 후에도 우리는 여전히 대륙 세력과 해양 세력 사이에 있다. 지정학은 변하지 않는다.

오히려 통일 후에 더 필요할 수도 있다. 통일 한국은 중국과 직접 국경을 맞대게 된다. 압록강, 두만강. 그 국경에서 중국과 마주한다. 그때 미국이라는 동맹이 없다면? 우리는 중국의 압박을 혼자 감당해야 한다.

중국을 견제하기 위해서라도, 러시아를 견제하기 위해서라도, 통일 후에도 한미동맹은 유지되어야 한다. 동맹은 북한 때문만이 아니다. 동북아 전체의 힘의 균형을 위한 것이다.

동맹의 무게

한미관계는 나에게 현실주의를 가르쳤다.

이상은 아름답지만 현실은 다르다. 자주는 좋지만 생존이 우선이다. 자존심은 중요하지만 안전이 더 중요하다.

우리는 약소국이 아니다. 세계 10 위권의 경제 대국이고, 첨단 기술을 가진 나라이며, 문화 강국이다. 하지만 강대국도 아니다. 중국, 러시아, 일본 사이에서, 우리는 홀로 서기 어렵다.

그 사이 어딘가에서, 우리는 살아남아야 한다. 그리고 그 방법은 동맹이다. 한미동맹.

미국은 완벽하지 않다. 때로는 이기적이고, 때로는 무리한 요구를 한다. 하지만 미국은 우리가 가진 최선의 선택이다.

한미동맹은 혈맹이다. 피로 맺어진 동맹이다. 6·25 전쟁에서 36,574 명의 미군이 전사했다. 그 무게를 잊어서는 안 된다.

하지만 동시에 한미동맹은 계산으로 유지되는 동맹이기도 하다. 미국의 이익, 우리의 이익. 서로에게 필요하기 때문에 함께한다. 그리고 그것으로 충분하다.

감정이 아니라 현실로. 이상이 아니라 실리로. 하지만 가치를 잊지 않고. 자유민주주의, 시장경제, 인권. 우리가 미국과 함께하는 이유는 단순히 힘 때문만이 아니다. 같은 가치를 믿기 때문이다.

한중관계는 복잡하다. 경제는 중국, 안보는 미국. 쉽지 않다. 하지만 해야 한다. 외교로, 전략으로, 지혜롭게.

미중 갈등 속에서 우리의 선택은 명확하다. 미국이다. 가치를 공유하고, 안보를 지키며, 미래를 함께하는 나라.

통일 후에도 동맹은 유지되어야 한다. 중국과 러시아는 사라지지 않는다. 지정학은 변하지 않는다.

이것이 한미관계에 대한 나의 생각이고, 보수로서 내가 지키는 두 번째 가치다.

동맹의 무게를 안다. 그리고 그 무게를 짊어진다.

2 부 3 장: 한일 관계 — 과거를 기억하며 미래를 묻다

일본은 복잡한 나라

일본은 복잡한 나라다.

경제 선진국이자 안보 파트너이면서, 동시에 역사적 가해국이다. 세 가지 모두 사실이고, 세 가지 모두 중요하다. 이 복잡성을 인정하지 않으면 한일 관계를 제대로 이해할 수 없다. 단순히 "좋다" 또는 "나쁘다"로 재단할 수 없는 나라다.

일본은 세계 3 위의 경제 대국이다. GDP 가 4 조 달러를 넘는다. 첨단 기술을 보유하고 있고, 우리의 중요한 무역 상대국이다. 하지만 동시에 1910 년부터 1945 년까지 35 년간 우리를 식민 지배한 나라이기도 하다. 두 얼굴 모두 현실이다.

나는 일본에 대해 부정적인 감정을 지니지 않는다. 물론 역사 문제에 대해서는 분명히 비판적이다. 위안부 문제, 강제 징용, 독도 문제. 이런 것들에 대해서는 명백히 잘못됐다고 본다. 특히 일본 정부가 이 문제들을 제대로 해결하지 않고 있다는 점에서 실망스럽다.

하지만 그것이 일본이라는 나라 전체에 대한 부정으로 이어지지는 않는다. 감정으로 외교를 할 수는 없다. 냉정하게, 실리적으로 봐야 한다. 외교는 국익을 위한 것이지, 개인적 감정을 표출하는 장이 아니다.

나는 일본 문화를 즐긴다. 애니메이션을 보고, 게임을 하며, 일본 음식을 먹는다. 내 세대에게 일본 문화는 일상의 일부다. 포켓몬을 보며 자랐고, 닌텐도 게임을 했으며, 스시와 라멘을 좋아한다. 한국에서도 일본 라멘 가게가 인기고, 일본 애니메이션은 넷플릭스에서 상위권을 차지한다. 그렇다고 내가 친일파인가? 아니다.

문화를 즐기는 것과 외교, 역사 문제는 전혀 다른 영역이다. 문화는 문화고, 정치는 정치다. 일본 문화를 좋아한다고 해서 역사를 잊는 것이 아니고, 역사를 기억한다고 해서 일본 문화를 거부할 필요도 없다. 이 둘을 분리할 수 있어야 성숙한 사회다.

독일 자동차를 타는 유대인이 있고, 독일 음악을 듣는 폴란드인이 있다. 그들이 과거를 잊었는가? 아니다. 과거는 기억하되, 현재는 분리해서 본다. 독일의 BMW 나 벤츠는 세계적으로 사랑받는다. 홀로코스트를 겪은 유대인들도 독일 차를 탄다. 그들이 역사를 망각해서 그런가? 아니다. 과거와 현재를 분리할 수 있기 때문이다. 우리도 그래야 한다.

하지만 우리 사회는 아직도 이 둘을 분리하지 못한다. 일본 문화를 즐기면 "친일"이라는 비난을 듣고, 일본과 협력하면 "매국노"라는 소리를 듣는다. 2019년 일본 불매 운동 때 유니클로를 입고 다니는 사람들이 비난받았다. 일본 여행을 간다고 하면 눈총을 받았다. SNS 에는 일본 여행 사진을 올렸다가 악플을 받는 사람들이 있었다.

이것은 잘못됐다. 개인의 선택을 정치 이념으로 재단해서는 안 된다. 일본 제품을 사는 것, 일본 여행을 가는 것, 일본 문화를 즐기는 것은 개인의 자유다. 우리는 더 복잡하게 생각할 수 있어야 한다.

일본은 역사적 가해국이다. 변하지 않는 사실이다. 1910 년부터 1945 년까지 35 년간 우리를 지배했고, 수많은 고통을 주었다. 조선총독부를 세우고, 토지 조사 사업으로 땅을 빼앗았으며, 창씨개명을 강요했다. 독립운동가들을 고문하고 죽였다. 이것은 역사적 사실이고, 절대 잊어서는 안 된다.

하지만 동시에 현재의 협력 대상이기도 하다. 경제적으로 중요한 파트너고, 안보적으로 필요한 협력국이다. 북한과 중국이라는 공동의 위협 앞에서 우리는 일본과 협력해야 한다. 이것도 사실이다.

둘 다 인정해야 한다. 역사를 잊지 않으면서도, 현실적 협력을 할 수 있어야 한다.

역사를 어떻게 다룰 것인가

역사는 무겁다.

위안부, 강제 징용, 수많은 고통. 그 고통을 잊어서는 안 된다. 기억해야 한다. 기록해야 한다. 그것이 피해자들에 대한 최소한의 예의다.

위안부 피해자 할머니들은 평생을 고통 속에서 살았다. 2023 년 기준 생존자는 10 명도 채 되지 않는다. 강제 징용 피해자들도 대부분 돌아가셨다. 그분들이 살아 계실 때 제대로 된 사과와 배상을 받아야 했다.

하지만 동시에 현실도 봐야 한다. 역사 문제를 어떻게 해결할 것인가? 영원히 사과를 요구할 것인가? 아니면 어느 시점에서 매듭을 지을 것인가? 쉽지 않은 질문이다.

2015년 위안부 합의

2015년 12월 28일, 박근혜 정부와 아베 정부가 위안부 합의를 발표했다. 일본 정부의 책임 인정, 10억 엔 출연, 그리고 "최종적이고 불가역적으로 해결"이라는 문구.

발표 직후부터 논란이었다. 피해자들이 참여하지 않았다. 할머니들은 "우리는 동의하지 않았다"고 말했다. 정대협(현 정의기억연대)을 비롯한 시민 단체들이 반발했다. "졸속 합의"라는 비판이 쏟아졌다. 청와대 앞에서는 항의 시위가 열렸다. "당사자 없는 합의는 무효다"라는 구호가 울려퍼졌다.

나는 이 합의를 어떻게 보는가?

불완전하지만 필요한 것이었다. 완벽한 합의는 없다. 모든 사람을 만족시킬 수는 없다. 특히 이렇게 복잡하고 민감한 문제에서는 더욱 그렇다. 국가는 때로 불완전한 합의를 할 수밖에 없다. 그것이 외교의 현실이다. 모든 것을 얻을 수는 없다. 타협해야 한다.

물론 타협이 항상 옳다는 것은 아니다. 당사자들의 의견을 듣지 않은 것은 분명히 문제였다. 하지만 2015년 합의는 그 시점에서 할 수 있는 최선이었다고 본다. 한일 관계가 최악이었던 상황에서, 이 문제에 대해 일본 정부가 책임을 인정한 것은 의미가 있었다.

하지만 아쉬운 점이 있다. 구체화되지 못했다는 것이다. "책임을 인정한다"는 것이 구체적으로 무엇을 의미하는가? 법적 책임인가, 도의적 책임인가? 합의문에는 명확하지 않았다. 일본은 "법적 책임은 아니다"라고 해석했다. 우리는 "책임을 인정한 것"이라고 해석했다. 양측이 다르게 이해했다.

이것이 문제다.

외교는 디테일이다. 말 한마디, 표현 하나가 중요하다. 애매하게 남겨 두면 나중에 다시 싸운다. 실제로 합의 직후부터 양국은 서로 다른 해석을 내놓았다. 일본 외무성은 "법적 배상은 아니다"라고 했고, 우리 외교부는 "일본 정부의 책임을 인정받았다"고 했다. 이런 식으로는 합의가 제대로 이행될 수 없다.

10 억 엔도 마찬가지다. 이것이 무엇에 대한 돈인가? 배상금인가, 위로금인가, 아니면 그냥 기부금인가? 명확하지 않았다.

일본은 "배상은 아니다"라고 했다. 1965 년 청구권 협정으로 배상 문제는 끝났다는 입장이다. 하지만 피해자들은 "배상을 받아야 한다"고 생각했다. 10 억 엔은 당시 환율로 약 100 억 원이었다. 이 돈으로 화해·치유 재단이 만들어졌고, 생존 피해자들에게 1 인당 약 1 억 원씩 지급하려 했다.

하지만 많은 할머니들이 거부했다. "배상이 아니라 시혜"라고 느꼈기 때문이다. 이 간극을 메우지 못했다. 그래서 합의의 의미가 흐려졌다. 양측이 각자 다르게 해석하는 합의는 결국 지켜지지 않는다.

진정성이란 무엇인가

위안부 문제는 결국 진정성의 문제다. 돈의 문제가 아니다. 10 억 엔이 많은가, 적은가? 중요하지 않다. 100 억 엔을 준다 해도 마찬가지다.

피해자들이 원하는 것은 돈이 아니었다. 김복동 할머니는 생전에 이렇게 말씀하셨다. "돈이 문제가 아니다. 일본이 진심으로 사과하고, 다시는 이런 일이 일어나지 않도록 하겠다고 약속하는 것. 그것이 우리가 원하는 것이다."

진정한 사과. 진심 어린 반성. 다시는 그런 일이 일어나지 않도록 하겠다는 약속. 그리고 후세에게 제대로 교육하는 것. 그것이 진정성이다.

형식적인 사과는 의미가 없다. 일본 총리들이 사과를 하지 않은 것은 아니다. 1993 년 고노 담화에서 "위안부 모집, 이송, 관리 등이 본인들의 의사에 반하여 행해졌다"고 인정했다. 1995 년 무라야마 담화에서는 "식민지 지배와 침략으로 고통을 준 것에 대해 통절한 반성과 마음으로부터의 사죄"를 표명했다. 2015 년 한일 합의에서 아베 총리도 "사죄와 반성의 마음"을 표했다.

사과는 여러 번 있었다. 하지만 진정성이 느껴지지 않았다.

왜일까. 말로만 "미안하다"고 하고 행동은 바꾸지 않았기 때문이다.

사과 직후에도 일본 정치인들은 위안부 문제를 부정하는 발언을 했다. 2013 년 아베 총리 측근인 하시모토 도루 오사카 시장은 "위안부는 필요했다"고 말했다. 2014 년 아사히신문이 위안부 관련 보도를 일부 취소하자, 일본 우익은 "위안부 문제는 날조"라고 주장했다. 교과서에서는 위안부 관련 내용이 축소되거나 삭제됐다. 야스쿠니 신사 참배는 계속됐다.

이런 행동을 보면 사과가 진심인지 의심스럽다. 말과 행동이 다르다. 입으로는 사과하면서 행동으로는 부정한다. 이것은 진정한 사과가 아니다.

진정성은 행동으로 증명된다. 독일을 보라. 빌리 브란트 총리는 1970 년 12 월 7 일, 폴란드 바르샤바 게토 추모비 앞에서 무릎을 꿇었다. 빗속에서 무릎을 꿇고 묵념했다. 말이 아니라 행동으로 보여줬다. 전 세계가 감동했다.

독일은 홀로코스트를 교과서에 상세히 기록한다. 학생들을 아우슈비츠에 데려가 교육한다. 매년 1 월 27 일은 홀로코스트 추모일이다. 나치 상징을 법으로 금지했다. 하켄크로이츠를 공개하면 최대 3 년 징역이다.

이것이 진정성이다.

일본도 그래야 한다. 말로만 사과하지 말고, 행동으로 보여줘야 한다. 교과서를 바로잡고, 정치인들이 야스쿠니 참배를 멈추며, 피해자를 추모하는 기념관을 만들어야 한다. 그래야 우리가 믿을 수 있다.

강제 징용 문제

2018 년 10 월 30 일, 대법원이 신일철주금(현 닛폰제철)에 강제 징용 피해자 1 인당 1 억 원 배상을 명령했다. 역사적 판결이었다.

대법원은 1965 년 한일 청구권 협정에도 불구하고 개인의 청구권은 소멸하지 않았다고 판단했다. 청구권 협정은 국가 간 외교적 보호권을 포기한 것이지, 개인의 손해 배상 청구권까지 소멸시킨 것은 아니라는 논리였다. 법리적으로 타당한 판결이었다. 국제법상으로도 개인의 청구권은 국가가 임의로 포기할 수 없다는 것이 일반적인 견해다.

일본은 즉각 반발했다. "1965 년 청구권 협정 위반"이라고 비난했다. 국가 간 합의를 사법부가 뒤집었다는 것이다. 고노 다로 외무대신은 "국제법 위반"이라고 강하게 항의했다. 일본 정부는 한국 정부에 "적절한 조치"를 취하라고 요구했다.

그리고 경제 보복을 시작했다. 2019 년 7 월 1 일, 반도체 핵심 소재 3 개 품목(불화수소, 포토레지스트, 플루오린 폴리이미드)의 수출을 규제했다. 8 월 2 일에는 한국을 화이트리스트(수출 우대국)에서 제외했다. 명백한 경제 보복이었다. 사법 판결에 경제로 보복한 것이다. 부당했다.

복잡한 문제다. 양쪽 모두 나름의 논리가 있다.

일본의 입장을 이해하지 못하는 것은 아니다. 1965 년 한일 청구권 협정 당시 일본은 무상 3 억 달러, 유상 2 억 달러를 제공했다. 당시 한국 국가 예산이 3 억 5,000 만 달러였으니 엄청난 금액이었다. 그리고 협정문에 "완전히 그리고 최종적으로 해결"되었다고 명시했다. 일본 입장에서는 이미 끝난 문제다. 50 년이 넘어서 다시 배상하라고 하니 받아들이기 어렵다. 이해는 간다. 국가 간 합의의 안정성도 중요하다.

하지만 우리의 입장도 타당하다. 개인의 청구권은 별개다. 피해자의 권리는 국가가 임의로 포기할 수 없다.

강제 징용 피해자들은 일본 기업에 강제로 동원되어 혹독한 노동을 했다. 탄광, 제철소, 조선소에서 일했다. 임금도 제대로 받지 못했고, 일부는 사망했다. 여운택 씨는 15 세에 탄광으로 끌려가 하루 12 시간 노동을 했다. 임금은 한 푼도 받지 못했다.

이들에게는 배상받을 권리가 있다. 국가가 외교적 합의를 했다고 해서 개인의 권리까지 사라지는 것은 아니다. 법리적으로도, 윤리적으로도 타당하다.

문제는 현실이다. 일본 기업들이 배상할 의사가 없다. 일본 정부도 지원하지 않는다. 대법원 판결이 나왔지만 집행되지 못하고 있다.

강제 집행을 하면 어떻게 되는가? 일본 기업의 한국 내 자산을 압류하는가? 법적으로는 가능하다. 실제로 2021 년 대구지방법원은 닛폰제철의 한국 내 주식을 압류하고 매각 명령을 내렸다. 하지만 실제 매각은 이루어지지 않았다.

그렇게 되면 한일 관계는 파탄 난다. 경제 보복이 더 심해질 것이고, 안보 협력도 어려워진다. 그래서 현실적으로 쉽지 않다.

피해자의 권리를 지키면서도, 관계를 완전히 파괴하지 않는 방법을 찾아야 한다. 쉽지 않다. 하지만 찾아야 한다.

시간이 해결해줄 것인가

현실적으로 역사 문제는 시간이 어느 정도 해결해줄 것이다. 냉정하게 들릴 수 있다. 하지만 이것이 현실이다.

위안부 피해자 할머니들이 돌아가시고 있다. 1991 년 김학순 할머니가 처음 증언했을 때 생존자는 200 명 넘게 있었다. 2023 년 기준 생존자는 10 명 미만이다. 평균 나이 95 세다. 몇 년 안에 모두 돌아가실 것이다. 강제 징용 피해자들도 마찬가지다. 대부분 돌아가셨다. 그 시대를 직접 경험한 분들이 거의 남아 있지 않다.

세대가 바뀌면 문제도 바뀐다. 직접 피해를 입은 세대와 그 후손 세대는 다르다. 감정의 온도가 다르다.

할머니들이 모두 돌아가신 후에는 어떻게 되는가? 유족들이 계속 싸울 것인가? 아마도 일부는 그럴 것이다. 하지만 시간이 지나면서 점점 약해질 것이다. 2 세대, 3 세대로 내려가면서 기억은 희미해진다. 이것이 인간의 본성이다. 모든 것은 시간이 지나면 희석된다. 홀로코스트 생존자들이 점점 줄어들면서, 독일의 과거사 문제도 점차 역사적 과제로 전환되고 있다.

그렇다고 해서 우리가 잊어야 한다는 것이 아니다. 절대 아니다. 기억해야 한다. 계속 기억해야 한다. 교과서에 기록하고, 박물관에 전시하며, 기념일에 추념해야 한다. 매년 8 월 14 일은 일본군 위안부 피해자 기림의 날이다. 서울 종로구에는 전쟁과여성인권박물관이 있다. 일본 대사관 앞에는 평화의 소녀상이 있다.

살아있는 증언은 사라지더라도, 역사로 남겨야 한다. 그것이 우리의 의무다.

하지만 동시에 앞으로 나아가야 한다. 역사를 기억하는 것과 역사에 갇히는 것은 다르다. 과거를 기억하되, 미래를 막아서는 안 된다. 균형이 필요하다.

독도, 협상 불가능한 선

독도는 우리 땅이다. 논할 필요 자체가 없다. 역사적으로, 법적으로, 실효적으로 대한민국의 영토다. 512 년 신라 이사부가 우산국을 복속시킨 이래 1,500 년 넘게 우리 땅이었다. 1900 년 대한제국 칙령 41 호로 공식 영토에 편입했고, 1952 년 이승만 대통령이 평화선을 선포하면서 독도를 명시했다. 1954 년부터 지금까지 우리가 실효적으로 지배하고 있다. 경찰이 주둔하고, 주민이 거주하며, 등대와 접안 시설이 있다. 김성도·김신열 부부가 1981 년부터 독도에 살았고, 지금은 김성도 씨의 며느리가 독도 주민 등록을 갖고 있다.

명백한 우리 영토다.

일본의 영유권 주장은 궤변이다. 일본은 독도를 "다케시마"라고 부르며 자국 영토라고 주장한다. 1905 년 2 월 22 일 시마네현 고시 40 호로 편입했다는 것이 그들의 논리다. 하지만 1905 년은 러일전쟁 중이었고, 일본이 한국을 침략하던 시기였다. 을사늑약이 그해 11 월에 체결됐다. 일본이 독도를 편입한 것은 침략의 일부였다. 정당한 영유권 주장이 아니다.

더구나 1905 년 편입 이전에 이미 우리가 독도를 실효적으로 지배하고 있었다. 울릉도 주민들이 독도에서 어업 활동을 했고, 조선 정부가 이를 관리했다.

정부는 이에 대해 일관된 입장을 가져야 한다. "독도는 우리 땅이며, 일본의 주장은 부당하다." 이것으로 끝이다. 더 논의할 것도 없고, 협상할 것도 없다.

국제사법재판소 회부는 절대 안 된다

일본은 계속해서 독도 문제를 국제사법재판소(ICJ)에 회부하자고 한다. 1954년 9월, 1962년 3월, 2012년 8월. 세 차례나 제소를 제안했다. 우리는 모두 거부했다.

당연하다.

ICJ는 양측이 모두 동의해야 재판이 열린다. 한쪽이 거부하면 재판 자체가 성립하지 않는다. 우리가 ICJ에 가는 순간, 독도가 "분쟁 지역"이라고 인정하는 꼴이 된다. ICJ 재판은 양측에 분쟁이 있을 때 열린다. 우리가 동의하면, "한국과 일본 사이에 영유권 분쟁이 있다"고 국제적으로 인정하는 셈이다.

독도는 분쟁 지역이 아니다. 우리의 확고한 영토다.

분쟁이 있으려면 양쪽 모두 정당한 주장이 있어야 한다. 하지만 일본의 주장은 주장이 아니라 궤변이다. 침략의 산물이다. 정당성이 없다. 만약 우리가 ICJ에 간다면, 국제 사회에 "한국과 일본이 독도 영유권을 놓고 다툰다"는 인식을 심어 준다. "분쟁 지역"으로 기록된다. 이것 자체가 일본의 승리다.

일본은 당장 독도를 가져가려는 게 아니다. 장기전을 생각한다. 일단 분쟁 지역으로 만들어 놓으면, 나중에 협상 카드로 쓸 수 있다.

일본의 전략을 알아야 한다. 일본은 독도를 "분쟁 지역화"하는 것이 목표다. 매년 교과서에 "다케시마는 일본 고유 영토"라고 기술한다. 외교 청서에 독도 문제를 명시한다. 시마네현은 매년 2월 22일을 "다케시마의 날"로 정하고 기념행사를 연다. 이런 행위들은 모두 "분쟁이 있다"는 것을 국제 사회에 알리기 위한 것이다.

분쟁 지역이 되면 중재가 가능해진다. 제 3 국이 개입할 수 있고, 국제기구가 조정안을 제시할 수 있다. "독도 문제를 논의하면 경제 협력을 하겠다." "독도 공동 개발을 하자." 이런 제안을 할 수 있게 된다. 일본은 그것을 노린다.

우리는 그 전략에 말려들어서는 안 된다. 독도는 분쟁 지역이 아니다. 우리 땅이다. 그래서 ICJ 회부는 절대 안 된다.

영토 주권의 무게

만약 일본이 "독도 문제를 논의하면 경제·안보 협력을 하겠다"고 한다면 어떻게 해야 하는가? 거부해야 한다. 강경하게 나가야 한다.

영토 주권과 경제·안보 협력, 둘 다 중요하다. 하지만 비교할 수 없다. 영토 주권이 우선이다. 영토 주권을 포기하면서 하는 경제·안보 협력이 의미가 있는가? 없다. 땅을 내주고 돈을 받는다? 그것은 매국이다. 안보 협력을 위해 영토를 양보한다? 그것도 매국이다.

영토는 국가의 근간이다. 주권의 상징이다.

영토는 협상의 대상이 아니다. 타협할 수 없는 선이다. 돈으로 살 수 없고, 안보로 교환할 수 없다. 주권의 문제이기 때문이다. 주권은 국가의 근간이다. 주권을 양보하면 그것은 더 이상 독립 국가가 아니다.

물론 현실적으로 어려울 수 있다. 일본이 경제 보복을 할 수도 있고, 안보 협력을 거부할 수도 있다. 실제로 2019 년에 그랬다. 강제징용 판결 이후 일본은 반도체 소재 수출을 규제했다. 삼성과 SK 하이닉스가 타격을 입을 뻔했다.

하지만 그래도 안 된다. 영토는 양보할 수 없다. 경제적 손실이 있더라도, 영토는 지켜야 한다. 일부는 말한다. "독도 하나 때문에 실리를 놓치는가?"

틀렸다. 독도는 "하나"가 아니다. 독도는 동도와 서도, 그리고 89 개의 부속 바위섬으로 이루어져 있다. 총면적은 187,554 ㎡다. 크지 않다. 경제적 가치도 크지 않다. 어업 자원은 있지만 엄청난 것은 아니다. 주변 해역에 메탄 하이드레이트가 있다는 이야기도 있지만 아직 확인되지 않았다.

하지만 독도의 가치는 땅 자체가 아니다. 영토 주권이다.

독도를 지킨다는 것은 우리의 주권을 지킨다는 것이다. 독도에서 물러서면, 다음은 무엇인가? 일본은 계속 요구할 것이다. 한 번 양보하면, 계속 양보해야 한다. 선을 그어야 한다. 그 선이 독도다. 여기서는 물러설 수 없다.

하지만 독도 문제로 모든 관계를 막을 수는 없다

독도는 중요하다. 하지만 독도만이 전부는 아니다.

일본이 독도 영유권을 주장한다고 해서 외교 관계를 단절할 수는 없다. 경제 협력을 중단할 수도 없다. 안보 협력을 거부할 수도 없다. 현실이 그렇게 단순하지 않다.

우리는 일본과 연간 900 억 달러 규모의 교역을 한다. 2022 년 기준 일본은 우리의 5 대 교역국이다. 반도체 소재, 부품, 장비의 상당 부분을 일본에서 수입한다. 일본 없이는 삼성전자와 SK 하이닉스의 반도체 생산이 어렵다. 완전히 끊을 수 없다.

안보도 마찬가지다. 북한, 중국, 러시아. 우리는 일본과 같은 위협에 직면해 있다. 한미일 삼각 안보 협력이 필요하다. 일본 없이는 어렵다. 2023 년 캠프 데이비드에서 한미일 정상회담이 열렸다. 북한 미사일 정보 실시간 공유, 연합 군사 훈련 정례화에 합의했다. 이것은 우리 안보에 필수적이다.

원칙은 지키되, 현실도 봐야 한다.

독도에 대해서는 단호하게. 한 치의 양보도 없다. 하지만 다른 문제에 대해서는 협력할 수 있어야 한다. "독도는 우리 땅이다. 이것은 협상 대상이 아니다. 하지만 경제, 안보, 문화 등 다른 분야에서는 협력하자." 이렇게 분리할 수 있어야 한다. 감정적으로 모든 것을 거부하면, 우리만 손해다.

원칙은 지키되, 실리도 챙겨야 한다. 독도 문제에서는 단호하게 나가되, 다른 분야에서는 협력해야 한다. 그것이 성숙한 외교다.

한미일 안보 협력의 딜레마

북한이 있다. 중국이 있다. 러시아가 있다.

이들과 맞서기 위해서는 한미일 삼각 안보 협력이 필수적이다. 하지만 일본은 역사적 가해국이다. 어떻게 과거의 적과 손을 잡는가? 감정적으로 불편하다. 위안부 할머니들, 강제징용 피해자들을 생각하면 일본과 군사 협력을 한다는 것이 마음에 들지 않는다.

하지만 생존이 우선이다.

딜레마다. 역사와 현실 사이의 딜레마. 이것을 어떻게 풀어야 하는가?

적의 적은 나의 친구

일본과 군사 협력을 한다는 것 자체가 불편하다. 역사를 생각하면 더욱 그렇다. 위안부 피해 할머니들의 고통을 생각하면, 강제 징용 피해자들을 생각하면, 일본 자위대와 정보를 공유하며 군사적으로 협력하는 것이 마음에 들지 않는다.

이해한다. 나도 그렇다. 하지만 현실을 봐야 한다. 우리는 일본과 같은 적을 가지고 있다.

북한. 김정은 정권은 핵무기를 개발하고, 미사일을 발사하며, 우리를 위협한다. 2022 년 한 해 동안 북한은 70 발이 넘는 미사일을 발사했다. 2023 년에도 계속 발사했다. 일본도 북한의 위협을 받는다. 북한 미사일이 일본 상공을 지나간다.

2017 년 8 월 29 일, 북한의 화성-12 형 미사일이 홋카이도 상공을 통과했다. 일본 정부는 전국에 J-Alert 를 발령했다. 600 만 명이 대피 경보를 받았다. 2022 년 10 월 4 일에도 중거리 탄도 미사일이 일본 상공을 통과했다. 일본 국민들이 공포를 느꼈다. 북한은 일본을 "괴뢰"라고 부르며 적대한다. 주일 미군 기지를 타격하겠다고 위협한다. 일본도 북한을 위협으로 본다.

중국. 일본도 중국을 경계한다. 센카쿠 열도 분쟁. 동중국해에서 충돌한다. 센카쿠는 일본이 실효 지배하지만, 중국이 영유권을 주장한다. 중국 해경선이 센카쿠 해역에 들어온다. 2020 년에는 111 일 연속으로 중국 선박이 침입했다. 일본 자위대가 출동한다. 2020 년대 들어 더 심해졌다. 중국 전투기가 일본 방공 식별 구역에 들어온다. 2022 년 중국 전투기는 1,004 회 방공 식별 구역에 진입했다.

일본에게 중국은 위협이다. 우리에게도 중국은 위협이다. 2016 년 사드 배치 이후 경제 보복을 했다. 서해에서는 불법 어업을 한다. 우리 해경과 충돌한다. 이어도 문제도 있다. 같은 위협에 직면해 있다.

같은 적을 가진 국가들은 협력할 수밖에 없다. 이것이 국제정치의 현실이다. "적의 적은 나의 친구." 냉정하지만 사실이다. 우리가 일본을 좋아해서 협력하는 것이 아니다. 필요해서 협력하는 것이다. 감정이 아니라 실리다. 생존이 걸린 문제다. 군사적으로 같은 적을 가진 국가들 간의 협력은 필요하다. 이것은 우리 안보에 필수적이다.

불편하지만 필요한 관계

한일 관계의 미래는 어떤가? 불편하지만 협력해야 하는 복잡한 관계다.

일본과 완전히 화해할 수 있을까? 잘 모르겠다. 역사가 있고, 기억이 있으며, 상처가 있기 때문이다. 이것들은 쉽게 사라지지 않는다. 일본이 진정으로 반성하고, 과거를 인정하며, 다시는 그런 일이 일어나지 않도록 한다면? 그렇다면 화해가 가능할 수도 있다. 그러나 그 가능성은 희박하다고 생각한다.

그렇다면 우리는 어떻게 해야 하는가?

불편한 관계를 유지하면서도 협력해야 한다. 역사는 계속 제기하되, 현실적 협력은 해야 한다. 쉽지 않다. 균형을 잡기 어렵다. 한쪽으로 너무 기울면 안 된다. 역사만 강조하면 협력이 어렵고, 협력만 강조하면 역사를 잊는다. 둘 다 해야 한다. 동시에.

우리와 일본은 공통의 안보 위협에 직면해 있다. 북한의 핵 위협, 중국의 군사적 팽창, 러시아의 불안정성. 이들은 우리의 위협이면서 일본의 위협이기도 하다. 그래서 우리는 협력할 수밖에 없다. 원하지 않아도, 불편해도, 필요하다. 한미일 삼각 안보 협력. 이것은 선택이 아니라 필수다. 중국의 부상, 북한의 핵, 러시아의 위협. 이런 상황에서 우리는 일본과 손을 잡아야 한다.

한일 관계는 나에게 균형을 가르쳤다.

역사를 잊지 않되, 미래를 막지는 말아야 한다. 감정이 아니라 실리로 봐야 한다. 일본은 완벽한 파트너가 아니지만 필요한 파트너다. '반일'이 정답도 아니고, '친일'이 정답도 아니다. 그 사이 어딘가에 균형이 있다. 역사를 기억하면서도 협력할 수 있어야 한다. 과거를 직시하면서도 미래를 만들 수 있어야 한다. 원칙을 지키면서도 실리를 챙길 수 있어야 한다.

이것이 한일 관계에 대한 나의 생각이고, 보수로서 내가 지키는 세 번째 가치다. 역사를 기억하되, 미래를 향해 나아가는 것. 감정이 아니라 현실로 판단하는 것. 원칙을 지키되, 실리를 놓치지 않는 것.

균형. 그것이 답이다.

불편하지만 필요한 관계. 복잡하지만 유지해야 할 관계. 공통의 안보 위협에 직면한, 그래서 함께 갈 수밖에 없는 관계. 그것이 한일 관계다.

2 부 4 장: 민주주의 — 이상과 현실 사이에서

민주주의란 무엇인가

사전을 펼치면 이렇게 나온다. 국민이 권력을 가지고 그 권력을 스스로 행사하는 제도. 또는 그런 정치를 지향하는 사상. 쉽게 말하면 국민이 주인인 정치 체제다.

민주주의의 핵심은 국민이다. 권력이 어디에서 나오는가. 국민으로부터 나온다. 그것이 민주주의의 전부다.

많은 사람이 오해하는 것이 있다. 민주주의의 반대말이 사회주의나 공산주의라고 생각한다. 아니다. 민주주의의 반대말은 권위주의, 독재주의다. 민주주의 대 공산주의로 세상을 나누는 이분법은 틀렸다. 민주주의는 권력의 원천에 대한 이야기다. 누가 권력을 쥐는가? 국민이 쥐면 민주주의, 독재자가 쥐면 권위주의다. 경제 체제와는 별개의 문제다. 사회주의 국가도 민주적일 수 있고, 자본주의 국가도 독재적일 수 있다.

대한민국 헌법 제 1 조 2 항을 보자. '대한민국의 주권은 국민에게 있고, 모든 권력은 국민으로부터 나온다.' 명확하다. 권력의 정당성은 오직 국민으로부터 나온다. 대통령도, 국회의원도, 지방자치단체장도 모두 국민이 뽑는다. 선출되지 않은 권력은 정당하지 않다. 쿠데타로 집권한 독재자, 세습으로 권력을 물려받은 왕조. 이들은 국민으로부터 권력을 받지 않았다. 정당성이 없다.

그런데 국민 주권이 구체적으로 무엇을 의미하는가? 국민이 직접 모든 것을 결정하는가? 그럴 수는 없다. 5천만 명이 매일 모여서 모든 정책을 논의할 수는 없는 노릇이다. 그래서 대의 민주주의가 있다. 국민이 대표를 선출하고, 그 대표들이 국민을 대신해 결정한다. 대통령, 국회의원, 지방의원. 이들은 국민의 대리인이다.

대의 민주주의와 직접 민주주의. 둘 다 민주주의다. 하지만 나는 대의 민주주의를 선호한다. 전문성 때문이다. 모든 국민이 모든 정책을 이해할 수는 없다. 경제 정책, 외교 정책, 안보 정책. 복잡하다. 전문 지식이 필요하다. 대표를 선출해서 그들이 공부하고, 토론하고, 결정하게 하는 것이 더 효율적이다.

물론 직접 민주주의도 중요하다. 중요한 문제에 대해서는 국민투표를 할 수 있다. 헌법 개정 같은 경우 말이다. 하지만 모든 것을 국민투표로 결정하는 것은 비현실적이다.

민주주의는 완벽한가

민주주의는 불완전하다. 완벽한 정치 체제는 없다. 민주주의도 마찬가지다. 문제투성이다. 느리고, 비효율적이며, 때로는 잘못된 결정을 내린다.

그럼에도 나는 민주주의를 지지한다. 왜? 다른 체제보다 낫기 때문이다. 처칠의 말을 빌리자면, '민주주의는 최악의 정치 형태다. 단지 지금까지 시도된 다른 모든 정치 형태를 제외하면.' 완벽하지 않지만 최선이다.

민주주의의 가장 큰 문제는 무엇인가? 1인 1표의 한계다. 민주주의는 모두에게 동일한 1표를 준다. 평등하다. 하지만 모든 사람이 같은 수준의 지식을 가진 것은 아니다. 경제를 전혀 모르는 사람과 경제학 박사가 같은 1표를 가진다. 외교를 모르는 사람과 외교관이 같은 1 표를 가진다. 공평한가? 형식적으로는 공평하다. 하지만 결과적으로는?

나는 여기에서 전문가의 역할이 강화되어야 한다고 생각한다. 더 전문적인 지식을 가진 이들의 의견에 귀를 기울이는 것이 필요하다. 모든 사람이 모든 분야의 전문가일 수는 없다. 경제는 경제학자가, 외교는 외교 전문가가, 안보는 군사 전문가가 더 잘 안다. 이것은 사실이다. 부정할 수 없다. 그렇다면 이들의 의견에 더 귀를 기울여야 하지 않겠는가?

오해하지 말아야 할 것이 있다. 나는 선거권을 제한하자는 게 아니다. 투표권에 차등을 두자는 것도 아니다. 그것은 민주주의의 근간을 흔드는 일이다. 1인 1표는 반드시 유지되어야 한다. 다만 정책 결정 과정에서 전문가의 역할이 더 강화되어야 한다는 것이다. 전문가 자문을 통해 국민을 설득할 수 있는 체계여야 한다.

구체적으로 어떻게? 정책을 결정하기 전에 전문가 자문을 받는다. 경제 정책을 만들 때는 경제학자들의 의견을 듣는다. 외교 정책을 만들 때는 외교 전문가들의 의견을 듣는다. 그리고 그 의견을 바탕으로 국민을 설득한다. '전문가들이 이렇게 말합니다. 근거는 이것입니다.' 투명하게 공개하고, 논리적으로 설명하고, 국민을 설득한다. 그래야 국민도 신뢰할 수 있다.

전문가는 어떻게 선별하는가? 전문성과 경험으로 선별한다. 학력만 보는 게 아니다. 실제 경험이 있는가? 해당 분야에서 성과를 낸 적이 있는가? 동료들에게 인정받는가? 이런 것들을 종합적으로 평가한다. 그리고 투명하게 공개한다. '이 사람이 왜 전문가인가'를 설명한다. 그래야 국민이 납득한다.

전문가 중심 접근의 가장 큰 위험은 독선이다. '우리가 전문가니까 우리 말만 들어라.' 이런 태도는 안 된다. 전문가도 틀릴 수 있다. 그래서 투명성이 중요하다. 근거를 보여주고, 논리를 설명하고, 반론도 들어야 한다.

모든 분야에서 전문가의 역할이 강화되어야 한다고 본다. 경제, 외교, 안보, 복지, 교육, 환경. 모든 분야가 전문 지식을 필요로 한다. 감으로 결정할 수 없다. 데이터를 봐야 하고, 전문가의 분석을 들어야 한다. 물론 최종 결정은 선출된 대표들이 한다. 대통령, 국회의원. 이들이 전문가의 의견을 듣고, 정치적 판단을 내리고, 결정한다. 하지만 그 과정에서 전문가의 역할이 지금보다 훨씬 커져야 한다.

다수의 폭력

다수가 원한다고 해서 다 옳은가? 아니다. 민주주의의 가장 큰 함정이 여기에 있다. 다수결이 항상 옳은 것은 아니다. 다수가 잘못된 결정을 내릴 수도 있다. 역사가 이것을 증명한다.

히틀러는 선거로 집권했다. 1933년 3월 5일 독일 국회의원 선거에서 나치당은 43.9%를 득표했다. 제 1 당이 됐다. 대중의 지지를 받았다. 그리고 전쟁을 일으켰다. 600만 명의 유대인을 학살했다. 5천만 명 이상이 죽은 제 2 차 세계대전을 시작했다.

히틀러만이 아니다. 역사에는 다수의 지지를 받은 독재자들이 많다. 무솔리니, 우고 차베스, 로베스피에르. 이들은 모두 대중의 지지를 받았다. 합법적으로 권력을 잡았다. 하지만 결과는 재앙이었다. 다수가 원한다고 해서 그것이 정의는 아니다. 50%+1 이 찬성한다고 해서 그것이 옳은 것은 아니다.

집단 사고는 위험하다. 모두가 같은 방향으로 생각하기 시작하면, 비판적 사고가 사라진다. 다른 의견이 억압된다. '모두가 그렇게 말하는데 나만 다르게 생각하면 이상한가?' 이런 생각이 든다. 침묵한다. 그러면 집단 사고는 더 강해진다. 반대 의견이 없으니까 '우리가 옳다'고 확신한다. 극단으로 간다. 이것이 집단 사고의 메커니즘이다.

여론 재판도 다수의 폭력이다. SNS 시대에 특히 심각하다. 누군가 잘못을 저지르면, 수만 명이 달려들어 비난한다. 악플을 단다. 신상을 털고, 과거를 파헤치고, 사회적으로 매장한다. 법원의 판결도 나오기 전에 이미 '유죄'가 확정된다.

이것이 정의인가? 아니다. 이것은 폭력이다. 다수가 행사하는 폭력이다. 법이 있는 이유가 바로 이것이다. 다수의 감정이 아니라 원칙과 증거로 판단하기 위해서다.

법치의 중요성

민주주의에서 법치가 중요한 이유는 법이 집단 사고를 막는 마지막 방어막이기 때문이다. 다수가 원한다고 해서 다 할 수 있는 건 아니다. 법이 있기에 다수의 폭력을 막을 수 있다. 다수결과 법치가 부딪칠 때는 법치가 우선이어야 한다. 민주주의는 다수결만으로 작동하지 않는다. 절차와 원칙, 그리고 법이 있어야 민주주의를 지킬 수 있다.

악법도 법인가? 나는 그렇다고 본다. 소크라테스는 부당한 판결에도 독배를 마시며 법을 따랐다. '악법도 법이다'라고 말했다고 전해진다. 법이 불의하다고 해서 법을 어겨도 되는가? 안 된다. 그렇게 되면 법의 권위가 무너진다. 모두가 자기 기준으로 '이 법은 정의롭다, 저 법은 불의하다'고 판단하기 시작하면 법치가 붕괴된다.

다만 불의한 법은 올바른 절차를 거쳐 바꿔 나가야 한다. 법을 어기는 것이 아니라 법을 바꾸는 것이다. 입법을 통해, 헌법소원을 통해, 민주적 절차를 통해 바꾼다. 시간이 걸리고 답답하다. 하지만 그것이 법치주의다. 빠른 것이 항상 옳은 것은 아니다. 절차가 중요하다. 절차를 무시하고 빠르게 바꾸면 그것은 혁명이다. 혁명은 위험하다. 한 번 무너뜨리면 다시 세우기 어렵다.

법과 정의가 충돌할 때가 있다. 법적으로는 맞지만 정의롭지 않거나, 정의로운 것 같지만 법에 어긋나는 경우다. 어떻게 해야 하는가? 원칙적으로는 법을 따라야 한다. 법이 우선이다. 하지만 법이 명백히 정의에 반한다면 법을 바꿔야 한다. 법을 어기는 것이 아니라 민주적 절차를 통해 법을 개정하는 것이다.

자유민주주의

자유민주주의와 인민민주주의는 다르다. 자유민주주의는 개인의 자유를 보장하기 위한 민주주의다. 인민민주주의는 집단의 평등을 보장하기 위한 민주주의다. 어디에 중점을 두느냐의 차이다. 나는 자유민주주의를 지지한다. 인간의 본질은 자유의사에 있다고 보기 때문이다.

인간은 자유로운 존재다. 스스로 생각하고, 스스로 선택하며, 스스로 책임진다. 이것이 인간의 본질이다. 자유의사가 없으면 인간이 아니다. 기계다. 프로그램대로만 움직이는 로봇이다. 인간을 인간답게 만드는 것은 자유다. 선택의 자유, 사상의 자유, 표현의 자유. 이것들이 보장되어야 인간답게 산다.

자유 없는 평등은 무의미하다. 모두가 똑같이 가난하면 그것이 평등인가? 모두가 똑같이 억압받으면 그것이 평등인가? 북한을 보라. 북한은 스스로를 '조선민주주의인민공화국'이라고 부른다. 민주주의를 표방하고 평등을 강조하며 '우리식 사회주의'를 말한다. 하지만 그곳에 민주주의는 없다. 자유가 없기 때문이다.

북한에는 선택의 자유가 없다. 직업을 선택할 수 없다. 국가가 배치한다. 거주지를 선택할 수 없다. 허가 없이 이동하면 처벌받는다. 정보의 자유가 없다. 인터넷이 없다. 외국 방송을 보면 처벌받는다. 표현의 자유가 없다. 김정은을 비판하면 정치범 수용소로 간다. 가족까지 연좌제로 처벌받는다. 이것이 민주주의인가? 아니다. 이것은 전체주의다.

평등만 강조하는 민주주의는 위험하다. 평등을 위해 자유를 제한하면 그것은 민주주의가 아니라 전체주의로 가는 길이다. 역사가 이것을 증명한다. 소련, 중국, 북한, 쿠바, 베네수엘라. 평등을 강조했던 나라들이다. 하지만 결과는? 자유가 사라지고 독재가 들어섰으며 국민은 가난해졌다. 평등을 추구했지만 평등도 이루지 못했다. 독재자와 그 측근들만 부유해졌다.

민주주의는 자유를 지키는 도구로서 사용되어야 한다. 민주주의 그 자체가 목적이 아니다. 자유를 지키기 위한 수단이다. 왜 민주주의가 필요한가? 독재자가 자유를 억압하지 못하게 하기 위해서다. 권력이 국민에게 있으면 독재자가 나올 수 없다. 자유가 보장된다. 그것이 민주주의의 진정한 가치다.

개인의 자유가 보장되지 않는 민주주의는 의미가 없다. 투표권이 있어도 표현의 자유가 없으면? 집회의 자유가 없으면? 정보의 자유가 없으면? 그것은 형식적 민주주의일 뿐이다. 진짜 민주주의가 아니다. 자유가 먼저고, 민주주의는 그 자유를 지키는 도구다.

포퓰리즘의 위험

포퓰리즘은 위험하다. 포퓰리즘은 일반 대중의 인기에 영합하는 정치 행태다. '국민이 원한다'는 말을 만능 카드처럼 사용한다. 하지만 국민이 원한다고 해서 다 해야 하는가? 아니다. 정치인의 역할은 국민이 원하는 것을 해 주는 것이 아니다. 국민에게 필요한 것을 하는 것이다. 이 둘은 다르다.

포퓰리즘의 가장 위험한 점은 장기적 결과를 무시한다는 것이다. 당장 인기를 얻는 정책만 내놓는다. 미래는 생각하지 않는다. 재정이 파탄 나든, 나라가 망하든 상관없다. 지금 표만 얻으면 된다는 태도다. 포퓰리즘은 단기적으로는 인기를 얻을 수 있다. 하지만 장기적으로는 국가를 망친다. 재정을 무너뜨리고, 원칙을 무너뜨리며, 법치를 무너뜨린다.

기본소득 같은 정책이 대표적이다. 모든 국민에게 매달 돈을 준다? 듣기에는 좋다. 누가 싫어하겠는가? 공짜 돈을 받는데. 하지만 그 돈은 어디서 나오는가? 세금으로 나온다. 국민이 낸 세금을 다시 국민에게 나눠주는 것이다. 의미가 있는가? 없다. 오히려 행정 비용만 늘어난다. 그리고 근로 의욕을 떨어뜨린다. 일하지 않아도 돈을 받는다면, 왜 일하겠는가?

'국민이 원하는 것'과 '국민에게 필요한 것'은 다르다. 국민은 세금 인하를 원한다. 당연하다. 누가 세금 내기를 좋아하겠는가? 하지만 세금 없이 국가가 운영되는가? 안 된다. 국방비, 경찰, 소방, 교육, 의료. 이 모든 것이 세금으로 운영된다. 세금을 안 내면 국가가 무너진다. 정치인은 이것을 설명해야 한다. '세금이 필요합니다. 이유는 이것입니다.' 인기 없는 이야기지만 해야 한다. 그것이 리더십이다.

포퓰리즘 정치인은 이것을 하지 않는다. '세금을 깎아드리겠습니다'라고만 말한다. 어떻게 재정을 운영할 것인가는 말하지 않는다. 복지를 늘리고, 세금을 줄이며, 빚도 갚겠다고 한다. 수학적으로 불가능하다. 하지만 국민은 듣고 싶은 이야기만 듣는다. 그래서 포퓰리즘 정치인이 당선된다. 그리고 나라가 망한다.

그리스를 보라. 2000 년대 그리스 정부는 복지를 대폭 확대했다. 공무원을 늘리고, 연금을 올리며, 각종 지원금을 나눠줬다. 포퓰리즘 정책이었다. 국민은 좋아했다. 하지만 재정은 파탄 났다. 2010 년 그리스 정부 부채는 GDP 의 146%에 달했다. 국가가 부도 직전이었다. EU 와 IMF 가 구제금융을 해 줬다. 그 대가로 그리스는 긴축 정책을 강요받았다. 연금 삭감, 공무원 감축, 증세. 국민은 고통받았다. 포퓰리즘의 결과다.

베네수엘라도 마찬가지다. 우고 차베스는 석유 수익으로 복지를 대폭 확대했다. 무상 의료, 무상 교육, 각종 보조금. 국민은 환호했다. 하지만 석유 가격이 떨어지자 재정이 무너졌다. 2010 년대 베네수엘라는 하이퍼인플레이션에 빠졌다. 2018 년 인플레이션율은 130 만%였다. 돈이 휴지가 됐다. 식량이 부족해서 사람들이 굶었다. 500 만 명 이상이 나라를 떠났다. 포퓰리즘의 결과다.

정치인은 인기가 아니라 옳은 일을 해야 한다. 국민에게 듣기 좋은 말만 하는 것이 아니라, 국민에게 필요한 것을 해야 한다. 때로는 국민이 싫어하는 정책도 해야 한다. 세금을 올리고, 지출을 줄이며, 개혁을 추진해야 할 때가 있다. 인기 없는 일이다. 하지만 해야 한다. 그것이 책임 있는 정치다.

권력 견제

선거로 뽑힌 권력도 견제되어야 한다. 선거로 뽑혔다고 해서 무엇이든 할 수 있는 건 아니다. 권력은 언제든 부패할 수 있다. 아무리 정당한 권력이라도 견제받지 않으면 타락한다. 이것은 인간의 본성이다.

권력을 가지면 교만해진다. 자기가 옳다고 믿게 된다. 반대 의견을 무시한다. 그래서 견제가 필요하다.

다수의 결정도 잘못될 수 있다. 국회가 다수당이라고 해서 법을 마음대로 만들 수는 없다. 헌법이 있다. 헌법재판소가 있다. 위헌적인 법은 무효화된다.

대통령이 선거로 뽑혔다고 해서 독재자가 될 수는 없다. 국회가 견제한다. 법원이 견제한다. 언론이 감시한다. 국민이 비판한다. 이 모든 것이 민주주의를 지킨다.

삼권분립. 입법부, 행정부, 사법부. 세 권력이 서로를 견제한다. 이것이 민주주의의 핵심이다.

몽테스키외가 『법의 정신』에서 제안했다. 권력이 한 곳에 집중되면 독재가 된다. 분산되어야 한다. 그리고 서로 견제해야 한다. 입법부가 법을 만들면, 행정부가 집행하고, 사법부가 판단한다. 어느 한 곳도 절대적 권력을 가질 수 없다.

한국의 삼권분립은 제대로 작동하는가?

불완전하지만 작동한다. 완벽하지는 않다. 대통령의 권한이 강하다. '제왕적 대통령제'라는 비판이 있다. 일리 있다. 대통령이 군 통수권을 가지고, 국무총리를 임명하며, 각 부처를 통솔한다. 권한이 크다.

하지만 그래도 견제는 된다. 국회가 예산을 통제한다. 법원이 위법 행위를 판단한다. 언론이 비판한다. 완벽하지 않지만 작동한다.

2024년 12월 3일. 윤석열 대통령이 비상계엄을 선포했다.

하지만 견제 시스템은 작동했다. 국회가 즉각 소집됐다. 새벽 1시, 국회는 계엄 해제를 결의했다. 헌법 제 77 조 제 5 항. "국회가 재적 의원 과반수의 찬성으로 계엄의 해제를 요구한 때에는 대통령은 이를 해제하여야 한다." 법대로 했다.

대통령은 새벽 4시 27분 계엄을 해제했다. 6시간 만이었다.

민주주의가 작동한 것이다. 권력이 어디에 있는지를 보여줬다. 대통령에게 있는 것이 아니다. 국민에게 있다. 국민이 선출한 국회에 있다. 국회가 '안 된다'고 하면, 대통령도 어쩔 수 없다.

이것이 민주주의다. 이것이 삼권분립이다. 이것이 견제 시스템이다.

이 사건은 대한민국 민주주의 체제가 작동한다는 증거다. 위기 상황에서도 헌법이 작동했다. 국회가 작동했다. 시스템이 작동했다.

물론 계엄이 선포된 것 자체가 문제다. 있어서는 안 될 일이었다. 하지만 그것이 6시간 만에 해제됐다는 것. 그것이 중요하다.

만약 독재 국가였다면? 계엄이 해제되지 않았을 것이다. 국회가 해산됐을 것이다. 하지만 우리는 그렇지 않았다. 민주주의가 지켜졌다.

보수의 민주주의관

보수의 민주주의관은 무엇인가?

핵심은 절차와 법에 따른 자유 보장이다. 보수는 절차를 중시한다. 급진적 변화를 경계한다. 법을 지키고, 원칙을 따르며, 점진적으로 개선한다.

왜 절차를 중시하는가? 절차 없는 민주주의는 폭력이 되기 때문이다. 감정이 아니라 원칙으로 판단해야 한다.

보수는 법치를 강조한다. 법이 무너지면 민주주의도 무너진다. 법이 있어야 자유가 보장된다.

법이 없으면? 힘 있는 자가 약한 자를 지배한다. 다수가 소수를 억압한다. 법이 이것을 막는다. 법 앞에 모두가 평등하다. 대통령도 법을 지켜야 하고, 국회의원도 법을 지켜야 한다. 법이 있기에 자유가 보장된다.

보수의 민주주의는 안정적이다. 급격한 변화보다 점진적 개선을 추구한다. 혁명이 아니라 개혁을 원한다.

왜? 급격한 변화는 위험하기 때문이다. 한 번에 모든 것을 바꾸면, 예상하지 못한 부작용이 생긴다. 천천히, 단계적으로 바꿔야 한다. 시행착오를 줄일 수 있다. 문제가 생기면 수정할 수 있다.

혁명 vs 개혁.

혁명은 기존 체제를 완전히 뒤집는다. 빠르다. 극적이다. 하지만 위험하다.

프랑스 혁명을 보라. 1789 년 바스티유 감옥을 습격했다. 왕정을 무너뜨렸다. 자유, 평등, 박애를 외쳤다. 하지만 결과는? 공포 정치였다. 로베스피에르가 단두대를 세웠다. 수만 명이 처형됐다. 반대파를 제거했다. 혁명을 지키기 위해 폭력을 사용했다. 그리고 결국 나폴레옹의 독재로 이어졌다.

개혁은 다르다. 기존 체제를 유지하면서 점진적으로 개선한다. 느리다. 답답하다. 하지만 안전하다.

영국을 보라. 영국은 혁명 없이 민주주의를 이뤘다. 1215 년 마그나 카르타부터 시작했다. 왕의 권력을 제한했다. 1689 년 명예혁명. 의회의 권한을 강화했다. 1832 년 선거법 개정. 선거권을 확대했다. 1918 년 보통선거권. 모든 성인 남성에게 투표권을 줬다. 1928 년 여성 참정권.

700 년이 걸렸다. 하지만 혁명 없이 이뤘다. 안정적이었다.

보수는 질서를 중시한다. 무질서는 자유의 적이다. 질서가 없으면 강자가 약자를 지배한다. 법과 질서가 있어야 자유가 보장된다.

진보는 변화를 강조한다. 현재의 질서가 불의하다면 바꿔야 한다고 본다. 맞다. 불의한 질서는 바꿔야 한다. 하지만 어떻게 바꾸는가?

보수는 절차를 통해 바꾸자고 한다. 진보는 때로 절차를 건너뛰려 한다. '급하니까' '중요하니까' 절차를 무시한다. 위험하다.

보수의 민주주의는 현실적이다. 이상을 추구하지만, 현실을 무시하지 않는다. 완벽한 민주주의는 불가능하다. 그것을 인정한다. 그래서 점진적으로 개선한다. 조금씩 나아진다. 급하게 완벽을 추구하다가 모든 것을 망치는 것보다, 천천히 개선하는 것이 낫다.

이것이 보수의 민주주의관이고, 나는 이것이 옳다고 믿는다. 절차를 지키고, 법을 따르며, 점진적으로 개선한다. 빠르지 않지만 확실하다. 극적이지 않지만 안전하다. 이것이 민주주의를 지키는 길이다.

민주주의의 가장 큰 적

민주주의의 가장 큰 적은 무엇일까? 포퓰리즘과 무관심이다.

포퓰리즘은 이미 설명했다. 대중 영합 정치. 장기적 결과를 외면한 채 당장의 인기만 좇는 것. 이것이 민주주의를 망친다. 재정을 파탄 내고, 원칙을 무너뜨리며, 법치를 훼손한다. 베네수엘라, 그리스, 아르헨티나. 포퓰리즘이 나라를 망친 사례들이다.

무관심도 위험하다. 어쩌면 포퓰리즘보다 더 위험할지 모른다. 왜? 무관심은 조용히 민주주의를 죽이기 때문이다. 국민이 정치에 관심이 없으면? 투표를 하지 않으면? 감시를 게을리하면? 권력은 부패한다. 독재자가 나타난다. 포퓰리스트가 판을 친다. 하지만 국민은 모른다. 관심이 없으니까.

한국의 투표율을 보자. 2024 년 4 월 국회의원 선거 투표율은 67.0%였다. 33%는 투표하지 않았다. 3 명 중 1 명이 투표를 포기한 것이다. 특히 20 대 투표율이 낮다. 2024 년 총선에서 20 대 투표율은 55.5%로 가장 낮았다. 왜일까? 무관심 때문이다. '정치는 더럽다' '누가 해도 똑같다' '내 한 표로 뭐가 바뀌겠어' 같은 생각들. 위험한 생각들이다.

투표하지 않으면 목소리가 없다. 정치인들은 투표하는 사람들의 이야기만 듣는다. 당연하다. 투표하지 않는 사람은 표가 없으니까. 20 대가 투표를 하지 않으면, 정치인들은 20 대의 이야기를 듣지 않는다. 대신 투표율이 높은 노년층의 이야기를 듣는다. 그래서 청년 정책보다 노인 정책이 더 많다. 20 대가 불리한 것이 아니다. 20 대가 스스로를 불리하게 만드는 것이다.

민주주의는 참여를 요구한다. 투표하고, 관심 갖고, 감시해야 한다. 비판하고, 토론하며, 의견을 내야 한다. 이것이 시민의 의무다. 권리만 있는 것이 아니다. 책임도 있다. 민주주의를 누리려면, 민주주의를 지켜야 한다. 공짜가 아니다.

집단 사고도 민주주의의 적이다. 모두가 같은 방향으로 생각하기 시작하면, 민주주의는 위험해진다. 비판적 사고가 사라지고, 다른 의견이 억압되며, 극단으로 치닫는다. 집단 사고를 막으려면 다양성이 필요하다. 다른 의견을 존중해야 한다. 소수의 목소리를 들어야 한다. 그리고 법치가 필요하다. 법이 집단 사고를 막는 방어막이 되어야 한다.

SNS 시대에 집단 사고는 더 심해졌다. 알고리즘이 비슷한 의견만 보여준다. 필터 버블에 갇힌다. 내 생각과 같은 사람들만 보인다. 다른 의견은 보이지 않는다. '모두가 나와 같은 생각을 한다'고 착각한다. 위험하다. 의도적으로 다른 의견을 찾아봐야 한다. 나와 생각이 다른 사람의 글을 읽어야 한다. 그래야 균형을 잡을 수 있다.

20 대와 민주주의

20 대는 민주주의를 어떻게 보는가? 당연하게 여긴다. 독재를 경험하지 못했다. 권위주의를 모른다. 태어날 때부터 민주주의였다. 투표하는 것, 표현하는 것, 비판하는 것. 모두 당연하다. 이것이 장점일까, 단점일까? 둘 다다.

장점은 자유롭다는 것이다. 권위주의에 대한 두려움이 없다. 위축되지 않는다. 하고 싶은 말을 한다. SNS 에 의견을 올린다. 정부를 비판한다. 대통령을 조롱한다. 자유롭다. 기성세대는 이것이 낯설다. '감히 대통령을?' 하지만 20 대는 아무렇지 않다. '왜 안 돼?' 이것이 민주주의다. 권력을 비판할 수 있는 것. 그것이 자유다.

단점은 소중함을 모른다는 것이다. 민주주의가 얼마나 귀한 것인지 모른다. 누군가 싸워서 얻어낸 것이라는 걸 모른다. 당연하게 여기니까 지키려 하지 않는다. 투표율이 낮다. 정치에 무관심하다. '귀찮아' '별로 관심 없어' 같은 태도. 위험하다. 당연한 것은 없다. 지키지 않으면 사라진다.

20 대 주변에 정치에 관심 많은 사람이 있는가? 적다. 대부분은 관심이 없다. 투표는 하지만, 그게 전부다. 징책을 찾아보지 않는다. 토론하지 않는다. 정치 이야기를 하면 '재미없다' '복잡하다' 피한다. 이것이 문제다. 민주주의는 관심을 요구한다. 무관심하면 민주주의가 죽는다.

하지만 희망도 있다. 2024 년 12 월 계엄 사태 때 20 대가 움직였다. SNS 로 정보를 공유했다. 국회로 모였다. '민주주의를 지키자' 목소리를 냈다. 중요한 순간에는 움직인다. 평소에는 무관심하지만, 위기에는 반응한다. 이것이 20 대다. 당연하게 여기지만, 빼앗기려 하면 싸운다.

20 대가 해야 할 것은 무엇인가? 관심을 갖는 것이다. 투표하는 것. 정책을 찾아보는 것. 토론하는 것. 비판하는 것. 그리고 참여하는 것. 민주주의는 공짜가 아니다. 우리가 지켜야 한다. 당연하게 여기지 말아야 한다. 싸워서 얻어낸 것을 기억해야 한다. 그리고 다음 세대에게 물려줘야 한다.

불완전하지만 최선

민주주의는 지킬 가치가 있는가? 있다. 불완전한 정치 체제다. 하지만 이보다 더 나은 정치 체제는 없다. 처칠의 말을 다시 빌리자면, '민주주의는 최악의 정치 형태다. 단지 지금까지 시도된 다른 모든 정치 형태를 제외하면.' 완벽하지 않다. 느리고, 비효율적이며, 때로는 답답하다. 하지만 그래도 최선이다.

독재는 빠르고 효율적이다. 한 사람이 결정한다. 토론이 없다. 반대가 없다. 신속하다. 하지만 자유가 없다. 잘못된 결정을 해도 막을 수 없다. 독재자가 실수하면 나라가 망한다. 권위주의는 안정적이다. 질서가 있다. 하지만 억압이 있다. 비판할 수 없다. 다른 의견을 말할 수 없다. 숨 막힌다.

민주주의는 느려도 자유롭다. 토론한다. 시간이 걸린다. 답답하다. 하지만 자유가 있다. 말할 수 있다. 비판할 수 있다. 잘못을 바로잡을 수 있다. 민주주의는 비효율적이어도 인간적이다. 사람을 존중한다. 개인의 가치를 인정한다. 독재는 효율적이지만 비인간적이다. 사람을 도구로 본다. 민주주의는 답답해도 희망이 있다. 나아질 수 있다. 바꿀 수 있다. 독재는 희망이 없다. 바꿀 수 없다.

민주주의는 나에게 책임을 가르쳤다. 민주주의는 권리만 있는 게 아니다. 책임도 있다. 투표할 권리가 있으면, 잘 투표할 책임도 있다. 비판할 권리가 있으면, 건설적으로 비판할 책임도 있다. 표현할 자유가 있으면, 책임 있게 표현할 의무도 있다. 민주주의는 공짜가 아니다. 우리가 지켜야 하는 것이다. 관심을 갖고, 참여하며, 감시해야 한다.

절차와 원칙이 민주주의를 지킨다. 법치가 민주주의를 지킨다. 자유가 민주주의를 지킨다. 그리고 우리의 관심과 참여가 민주주의를 지킨다. 이것이 민주주의에 대한 나의 생각이고, 보수로서 내가 지키는 네 번째 가치다.

2부 5장: 공정 — 무엇이 공정한가

공정이란 무엇인가

공정이란 무엇인가? 공정은 과정이다. 평등은 결과다. 이 둘은 다르다. 명확히 구분해야 한다.

많은 사람들이 이 둘을 혼동한다. '공정한 사회'와 '평등한 사회'를 같은 것으로 생각한다. 틀렸다. 완전히 다른 개념이다.

공정은 같은 룰이 모두에게 적용되는 것이다. 투명한 과정이다. 예측 가능한 기준이다. 100 미터 달리기를 생각해 보자. 모두가 같은 출발선에서 시작한다. 같은 거리를 달린다. 같은 심판이 판정한다. 이것이 공정이다.

평등은 다르다. 결과를 같게 만드는 것이다. 차이를 없애는 것이다. 100 미터 달리기에서 모두가 동시에 결승선을 통과하게 만드는 것. 빠른 사람은 늦게 출발시키고, 느린 사람은 먼저 출발시킨다. 결과는 같다. 하지만 이것이 공정한가? 아니다.

나는 공정을 말한다. 평등은 나중에 이야기하겠다. 7 장에서 평등을 다룰 것이다. 평등도 중요하다. 필요하다. 하지만 공정과는 다르다.

공정이 왜 중요한가

공정이 왜 중요한가? 기회의 정의이기 때문이다.

공정한 사회는 기회가 정의롭게 주어지는 사회다. 누구에게나 같은 규칙이 적용되고, 누구나 노력하면 성공할 수 있는 사회. 출발선이 같든 다르든, 룰이 같으면 공정하다.

공정이 무너지면 기회도 무너진다. 노력해도 소용없다고 느끼게 된다. 룰이 아니라 연줄이, 능력이 아니라 특혜가 결과를 결정한다고 생각하게 된다. '내가 아무리 열심히 해도 금수저한테는 못 이긴다.' '능력보다 빽이 중요하다.' 이런 생각이 퍼진다. 노력이 무의미해진다.

그래서 공정은 중요하다. 사회를 지탱하는 기둥이기 때문이다. 공정이 있어야 사람들이 노력한다. 공정이 있어야 능력이 발휘된다. 공정이 있어야 사회가 발전한다.

20 대는 공정에 특히 민감하다. 왜? 경험했기 때문이다. 불공정을 직접 체험한 세대다. 입시에서, 취업에서, 사회에서. 룰이 바뀌고, 특혜가 판치며, 연줄이 작동하는 것을 봤다. 조국 사태, 인천국제공항공사 사태. 20 대는 이 불공정을 직접 보고 경험했다

공정의 기준: 투명성과 능력주의

공정의 기준은 무엇인가? 투명한 과정과 능력에 따른 보상이다. 두 가지가 핵심이다.

첫째, 과정이 투명해야 한다. 누구나 볼 수 있어야 하고, 이해할 수 있어야 하며, 예측할 수 있어야 한다. 뒤에서 무슨 일이 벌어지는지 모르는 과정은 공정하지 않다. 블랙박스는 공정하지 않다. 어떤 기준으로 선발하는지 모른다. 누가 결정하는지 모른다. 이것은 불공정하다.

투명성이 있어야 공정하다. 기준을 공개하고, 과정을 공개하며, 결과를 설명한다. 모두가 볼 수 있다. 이해할 수 있다. 납득할 수 있다. 동의하지 않을 수도 있다. 하지만 이해는 할 수 있어야 한다.

둘째, 능력에 따라 보상해야 한다. 노력한 만큼, 능력 있는 만큼 받아야 한다. 그것이 공정이다. 같은 일을 하는데 같은 보상을 받는 것이 공정한가? 아니다. 더 잘하는 사람이 더 받아야 공정하다. 모두에게 같은 결과를 주는 것이 공정한가? 아니다. 더 노력한 사람이 더 받아야 공정하다.

나는 능력주의를 지지한다. 능력에 따라 보상하는 것. 그것이 공정의 기준이다. 능력 있는 자가 인정받는 사회. 노력하는 자가 보상받는 사회. 실력으로 평가받는 사회. 그것이 공정한 사회다.

능력주의의 정당성과 한계

누군가는 말한다. '능력도 타고난 것 아닌가? 재능도 운이다. 그럼 불공정한 거 아닌가?'

일리 있는 비판이다. 완전히 반박할 수는 없다. 인정한다. 재능은 타고난다. 지능도, 신체 능력도 일부는 유전된다. 이것은 사실이다.

하지만 재능이 타고난 것이든 노력으로 만든 것이든, 능력이 있으면 보상받아야 한다. 그것이 공정이다. 왜? 사회는 결과를 필요로 하기 때문이다. 재능이 어디서 왔는지는 중요하지 않다. 그 재능으로 무엇을 만들어내는지가 중요하다.

재능을 발견하고 개발하는 것도 노력의 일부이다. 타고난 재능이 있어도, 그것을 발견하고 개발하지 않으면 쓸모없다. 재능과 노력은 분리할 수 없다. 둘 다 보상받아야 한다.

능력주의의 부작용도 인정한다. 완벽한 시스템은 없다. 승자 독식이 될 수 있다. 능력 없는 사람이 소외될 수 있다. 이것은 문제다. 하지만 그렇다고 능력주의를 포기할 수는 없다.

어떤 분야에서 능력이 부족한 사람은 다른 분야를 선택하면 된다. 모든 사람이 모든 분야에서 뛰어날 수는 없다. 하지만 모든 사람은 어떤 분야에서는 능력을 발휘할 수 있다.

그래서 평등도 필요하다. 이는 평등을 다루는 7 장에서 자세하게 이야기하겠다. 능력주의와 평등. 둘 다 필요하다. 균형이 중요하다.

특혜 vs 예외

특혜는 공정의 반대말이다. 특정 집단에 특별한 혜택을 주는 것. 같은 룰을 적용하지 않는 것. 그것이 특혜다. 특혜는 공정을 무너뜨린다. 노력보다 소속이, 능력보다 지위가 중요해진다.

그렇다면 예외는 어떤가? 예외와 특혜는 다른가? 다를 수 있다.

예외와 특혜는 사회 구성원의 합의를 통해 구분된다. 사회가 합의한 예외는 정당하다. 모두가 이해하고 받아들인 것이기 때문이다. 하지만 일부만 이익을 보는 특혜는 정당하지 않다.

장애인 의무 고용을 보자. 이것은 특혜인가 예외인가? 나는 정당한 예외라고 본다. 왜? 사회적 합의가 있기 때문이다. 장애인은 노동시장에서 불리하다. 그래서 사회가 합의했다. '일정 비율은 장애인을 고용하자.' 이것은 정당하다. 투명하다. 기준이 명확하다.

특혜와 예외의 경계는 모호하다. 하지만 기준은 있다. 투명한가? 합의했는가? 모두가 이해하는가? 그렇다면 예외다. 그렇지 않다면 특혜다.

20 대와 공정: 조국 사태

20 대와 공정은 밀접하다. 20 대는 불공정을 직접 체험한 세대다. 조국 사태와 인천국제공항공사 사태를 경험한 세대다.

조국 전 장관 사태는 불공정의 대표적 사례로 보인다. 2019 년 8 월. 조국이 법무부 장관 후보자로 지명됐다. 자녀 입시 특혜 의혹이 터져 나왔다.

가장 큰 문제는 자녀 입시였다. 딸이 고려대 의대에 입학했다. 각종 스펙이 의심받았다. 고등학생 때 받은 의학 논문 제 1 저자. 2 주간 병원 인턴으로 받은 표창. 모두 의심받았다.

20 대는 분노했다. 왜? 자신들이 겪는 현실과 너무 달랐기 때문이다.

20 대는 입시를 치르고, 스펙을 쌓으며, 취업을 준비한다. 경쟁이 치열하다. 0.1 점 차이로 떨어진다. 밤새워 공부하고, 자격증을 딴다. 그런데 누군가는 부모 찬스로 쉽게 합격한다? 용납할 수 없었다.

인천국제공항공사 사태도 마찬가지였다. 2020 년 6 월. 인천국제공항공사의 비정규직 정규직 전환. 비정규직 1,902 명을 정규직으로 전환한다는 내용이었다.

문제는 과정이었다. 면접 없이, 시험 없이, 그냥 전환했다. 공채로 들어온 직원들이 반발했다. 이것도 공정의 문제였다. 같은 룰이 적용되지 않았다. 20 대는 이것을 받아들일 수 없었다.

블라인드 채용과 투명성

나는 블라인드 채용에 대체로 찬성한다. 학력, 성별, 나이를 가리는 것. 어느 정도는 필요하다고 본다. 왜? 편견을 막기 위해서다. 사람은 편견을 가진다. 의도하지 않아도 편견이 작동한다.

블라인드 채용은 이런 편견을 차단한다. 학력을 보지 않는다. 성별을 보지 않는다. 나이를 보지 않는다. 오직 능력만 본다. 더 공정하다.

하지만 완벽하지는 않다. 때로는 학력이 중요할 수 있다. 경력도 마찬가지다.

투명성과 블라인드 채용. 모순처럼 보인다. 하지만 구분이 필요하다. 채용 과정의 투명성과 개인 정보의 익명성은 다르다.

채용 기준은 투명해야 한다. 어떤 능력을 평가하는지, 어떤 방식으로 선발하는지. 이것은 공개되어야 한다. 하지만 이 기준 외의 지원자의 정보는 가릴 수 있다. 편견을 막기 위해서. 결국 균형이다.

과정이 공정하면 결과도 공정하다

과정이 공정하면 결과도 공정하다. 이것이 나의 입장이다.

과정이 투명하고, 룰이 같으며, 능력에 따라 보상한다면. 그 결과는 공정하다. 결과가 불균등해도 괜찮다. 과정이 공정했다면, 결과의 차이는 정당하다.

누군가는 1 등을 하고, 누군가는 꼴등을 한다. 누군가는 연봉 1 억을 받고, 누군가는 3 천만 원을 받는다. 이런 차이가 생긴다. 불균등하다. 하지만 과정이 공정했다면? 같은 기회가 주어졌고, 같은 룰로 경쟁했으며, 능력에 따라 결과가 나왔다면? 그 불균등은 정당하다.

결과를 같게 만드는 것은 공정이 아니다. 그것은 평등이다. 다른 개념이다. 공정은 과정을 보고, 평등은 결과를 본다. 나는 과정을 본다. 과정이 공정하다면, 결과는 받아들여야 한다.

물론 극단적인 결과는 문제가 될 수 있다. 과정이 공정해도 결과가 너무 불균등하면 사회적 문제가 된다. 인정한다. 그래서 다른 방식으로 보완할 필요가 있다. 세금과 복지. 재분배. 이것은 평등 파트에서 추가로 설명하겠다.

보수의 공정관

보수의 공정관은 무엇인가? 핵심은 기회의 균등에 있다.

보수는 결과의 평등을 추구하지 않는다. 기회의 공정을 추구한다. 같은 출발선을 주는 것이 아니라, 같은 룰을 적용하는 것. 같은 결과를 만드는 것이 아니라, 투명한 과정을 보장하는 것.

기회의 균등이란 무엇인가? 모두에게 최소한의 기회를 보장하되, 결과는 능력에 따라 다르게 나타나는 것을 인정하는 것이다.

최소한의 출발선. 그것은 보장되어야 한다. 하지만 그 이후는? 능력과 노력에 달렸다. 더 열심히 한 사람이 더 좋은 결과를 얻는다. 그것이 공정이다.

누구나 노력하면 성공할 수 있는 사회. 능력이 있으면 인정받는 사회. 특혜가 아니라 실력으로 평가받는 사회. 그것이 공정한 사회이고, 보수가 추구하는 사회다.

완전한 공정은 불가능하지만

완전한 공정은 가능한가? 어렵다. 인간이기 때문이다.

완전히 투명한 과정은 없다. 완전히 객관적인 평가는 없다. 어딘가에는 불공정이 숨어 있다. 편견이 작동하고, 연줄이 통하며, 특혜가 주어진다. 완전히 막을 수는 없다.

하지만 그렇다고 포기할 수는 없다. 완전한 공정을 향해 계속 나아가야 한다. 조금씩이라도 더 투명하게, 조금씩이라도 더 공정하게. 시스템을 개선하고, 제도를 만들며, 감시를 강화한다.

완벽하지 않아도 괜찮다. 중요한 것은 방향이다. 공정을 추구하는가, 아니면 포기하는가.

나는 추구한다. 완전하지 않아도, 어려워도, 공정을 향해 가야 한다고 믿는다. 왜? 공정이 사회를 지탱하는 기둥이기 때문이다. 공정이 무너지면 사회도 무너진다. 노력이 무의미해지고, 능력이 무시되며, 특혜가 만연한다.

공정은 나에게 원칙을 가르쳤다. 감정이 아니라 룰로. 연줄이 아니라 능력으로. 특혜가 아니라 노력으로. 이것이 공정이고, 이것이 사회를 지키는 원칙이다.

공정이 무너지면 사회도 무너진다. 그래서 공정은 지켜야 한다. 타협할 수 없는 가치다. 그리고 이것이 내가 지키는 5번째 가치이다.

2부 6장: 자유 ― 모든 가치의 시작

자유란 무엇인가

사전을 펼치면 이렇게 나온다. "자신의 의지에 따라 행동하고 선택할 수 있는 상태." 하지만 자유는 이 짧은 정의로 다 담기지 않는다.

인간이 인간일 수 있는 이유는 자유 의지가 있기 때문이다. 선택할 수 있기 때문이다. 스스로 결정할 수 있기 때문이다. 자유가 없다면 인간은 인간일 수 없다. 그저 무생물과 다름없다. 입력된 코드대로만 작동하는 기계와 무엇이 다르겠는가.

자유는 모든 것의 전제다. 자유 없이는 아무것도 의미를 가질 수 없다. 민주주의도, 공정도, 평등도. 자유가 사라지면 모두 공허한 말이 되어버린다. 자유롭게 선택할 수 없는 민주주의가 무슨 의미가 있는가? 자유롭게 경쟁할 수 없는 공정이 무슨 의미가 있는가? 자유가 보장되지 않는 평등이 무슨 의미가 있는가?

선택할 수 있다는 것. 그것이 인간을 인간답게 만든다. 프로그램은 코드를 따라 움직인다. 하지만 인간은 다르다. 인간은 선택한다. A를 할 수도 있고 B

를 할 수도 있다. 어느 쪽을 택할지는 내가 결정한다. 이것이 자유 의지다. 이것이 인간의 본질이다.

자유와 안보: 어떻게 함께 가는가

앞에서 나는 자유와 안보가 동일한 1 순위라고 말했다. 하지만 정확히 말하자면 이렇다. 자유는 최우선의 가치다. 안보는 그 최우선의 가치를 지키기 위한 최우선의 장치다. 자유가 목적이고, 안보는 수단이다.

안보가 필요한 이유는 자유를 지키기 위해서다. 외부의 위협으로부터, 적으로부터, 우리의 자유를 보호하기 위해서다. 북한이 침략하면 우리의 자유가 사라진다. 중국이 지배하면 우리의 자유가 없어진다. 그래서 안보가 필요하다. 자유를 지키기 위해서.

그렇다면 둘이 충돌할 때는 어떻게 해야 하는가? 국민의 자유를 최소한으로 제한하면서 안보를 높여야 한다. 안보를 위해 일부 자유를 제한할 수는 있다. 하지만 이는 최소한으로만, 정말 필요한 만큼만, 불가피할 때만 제한해야 한다.

최소한의 기준은 무엇인가?
첫째, 위협이 근 시일 내에 닥칠 가능성이 매우 높을 때.
둘째, 명확하고 구체적인 위험이 있을 때.
셋째, 다른 방법으로는 막을 수 없을 때.

이 세 가지 조건이 모두 충족되어야 자유를 제한할 수 있다. 막연한 위협, 가능성만 있는 위협으로는 자유를 제한할 수 없다.

안보를 핑계로 자유를 과도하게 제한하는 것, 그것은 안보가 아니라 억압이다. 역사를 보라. 수많은 독재자들이 안보를 핑계로 국민의 자유를 짓밟았다. '북한의 위협', '공산주의의 위협', '테러의 위협'. 이런 명분으로 언론을 통제하고, 집회를 금지하며, 반대파를 탄압했다. 이것은 안보가 아니다. 독재다.

윤석열 계엄과 자유

2024 년 12 월 3 일, 윤석열 대통령의 계엄 선포. 이것은 안보를 지키는 행위가 아니었다. 정치적 갈등에서 비롯된 독단적 통치 행위였다.

근 시일 내에 닥칠 명확한 위협이 없었다. 북한이 침략한 것도 아니고, 전쟁이 일어난 것도 아니었다. 단지 국회와의 갈등, 야당과의 대립이 있었을 뿐이다.

이는 안보 관점에서도 부적절하고 자유 관점에서도 부적절하다.

안보 관점에서 보면, 명확한 위협이 없는데 계엄을 선포했다. 안보를 위한 것이 아니라 정치적 목적을 위한 것이었다. 자유 관점에서 보면, 국민의 기본권을 제한했다. 계엄은 집회·결사·언론의 자유를 제한한다. 정당한 이유 없이 자유를 침해한 것이다.

계엄이 6 시간 만에 해제된 것은 다행이다. 국회가 즉각 계엄 해제를 결의했고, 대통령이 이를 따랐다. 시스템이 작동했다. 하지만 계엄 선포 자체가 문제다. 안보를 빌미로 자유를 제한하려 했다. 실패했지만, 시도 자체가 위험했다. 앞으로 이런 일이 없도록 경계해야 한다.

자유와 책임은 함께 간다

모든 자유에는 책임이 따른다. 책임 없는 자유는 짐승의 본능과 다름없다. 하고 싶은 대로 하되 결과는 책임지지 않는다? 그것은 자유가 아니라 방종이다.

자유롭게 선택할 수 있다. 하지만 그 선택의 결과는 내가 책임져야 한다. 그것이 진짜 자유다.

책임을 진다는 것은 무엇을 의미하는가? 자신의 행위가 일으킨 일에 대해 주도적으로 해결하는 것을 말한다. 잘못된 선택을 했다면, 그 결과를 받아들이고 바로잡아야 한다. 남에게 피해를 줬다면, 보상하고 사과해야 한다. 실패했다면, 그것을 인정하고 다시 시작해야 한다. 이것이 책임이다.

예를 들어 보자. 사업을 시작했다. 자유롭게 선택했다. 하지만 실패했다. 빚이 생겼다. 누구의 책임인가? 내 책임이다. 국가가 책임져야 하는가? 아니다. 물론 사회 안전망은 필요하다. 완전히 망하지 않도록 최소한의 보호는 해 줘야 한다. 하지만 기본적으로는 내가 책임져야 한다. 빚을 갚고, 다시 일어서야 한다. 이것이 책임 있는 자유다.

운전을 한다. 자유롭게 선택했다. 하지만 사고가 났다. 누군가 다쳤다. 누구의 책임인가? 내 책임이다. 치료비를 내고, 보상을 하며, 형사 처벌도 받아야 한다. 이것이 책임이다. '나는 자유롭게 운전했을 뿐이다'라고 말할 수 없다. 자유에는 책임이 따른다.

책임 없는 자유는 사회를 망친다. 모두가 하고 싶은 대로 하고, 결과는 책임지지 않는다면? 혼란이 온다. 아무도 믿을 수 없다. 아무도 예측할 수 없다. 사회가 작동하지 않는다. 그래서 책임이 필요하다. 자유와 책임은 동전의 양면이다. 하나 없이 다른 하나도 없다.

자유의 한계는 어디까지인가

자유는 무제한이 아니다. 한계가 있다. 어디까지인가?

첫째, 타인의 자유를 침해하지 않는 선까지다. 내 자유가 남의 자유를 침해하면 안 된다. 내가 자유롭게 행동할 권리가 있듯이, 남도 자유롭게 행동할 권리가 있다.

둘째, 사회 구성원 전체의 자유가 최대화되는 선까지다. 어떻게 보면 공리주의적 관점이라고 볼 수 있다. 한 사람의 무제한 자유가 여러 사람의 자유를 억압한다면? 그 한 사람의 자유를 제한하는 것이 맞다. 전체의 자유를 높이기 위해서다.

예를 들어 보자. 무면허 음주운전을 하는 것도 자유라고 할 수 있을까. '나는 내 차를 내 마음대로 운전할 자유가 있다.' 맞다. 하지만 이는 타인의 생명권, 안전할 자유를 과도하게 침해하는 것이다. 음주운전으로 사고가 나면 다른 사람이 다치거나 죽는다. 그들의 자유가 완전히 사라진다. 그래서 음주운전을 규제한다. 한 사람의 자유를 제한해서 여러 사람의 자유를 지킨다.

완전한 자유는 없다. 하지만 최대한의 자유를 추구해야 한다. 자유를 제한할 때는 신중해야 한다. 정말 필요한가? 다른 방법은 없는가? 최소한으로만 제한하는가? 이런 질문을 해야 한다. 그리고 제한하더라도 투명하게, 명확한 기준으로, 법에 따라 해야 한다.

표현의 자유와 그 한계

표현의 자유는 민주주의에서 가장 중요한 자유 중 하나다. 생각을 말할 수 있고, 의견을 표현할 수 있으며, 비판할 수 있다는 것. 이것이 민주주의의 토대다. 표현의 자유가 없으면 민주주의도 없다.

하지만 표현의 자유도 무제한은 아니다. 한계가 있다. 그렇다면 그 한계는 어디까지일까? 혐오 표현과 가짜 뉴스가 대표적인 제한 대상으로 거론된다.

혐오 표현

혐오 표현은 제한의 대상이다. 특정 집단을 향해 증오와 차별을 조장하는 표현은 상대의 자유를 침해하는 행위다. 혐오 표현은 상대의 존엄성을 짓밟고 인간으로서의 가치를 부정한다. 이것은 자유가 아니라 폭력이다.

그런데 모든 혐오 표현을 제한할 수는 없다. 어디까지가 자유이고 어디서부터 제한인가? 이 경계는 명확하지 않다. 이 선은 사회적 합의를 통해 정해져야 한다.

혐오 표현 중 과도하지 않은 것은 표현의 자유로 보호할 필요가 있다. 단순히 '싫다' '나쁘다'가 아니라 왜 그런지 설명할 수 있어야 한다. 논리와 근거가 있어야 한다. 그렇다면 표현의 자유로 보호받을 수 있다.

내 책에도 혐오 표현이 있다고 생각한다. 하지만 최대한 다듬었고, 누구나 어느 정도 이해할 수 있는 선에서 사용했다. 1부에서 한국의 일부 페미니즘을 '페미니즘을 표방한 차별주의'라고 표현한 것이 그 예다. 이것은 혐오 표현일 수 있다. 하지만 논리가 있다. 근거를 제시했고, 왜 그렇게 생각하는지 설명했다. 그래서 표현의 자유로 보호받을 수 있다고 본다.

하지만 과도한 혐오 표현은 제한되어야 한다. 논리 없는 혐오, 근거 없는 증오, 차별 조장은 표현의 자유가 아니다. 폭력이다.

가짜 뉴스

가짜 뉴스도 제한의 대상이다. 완전히 허위인 뉴스, 과대 해석된 뉴스는 자제해야 한다. 이는 상대의 자유를 침해하는 행위다. 가짜 뉴스는 사실을 왜곡하고 사람들을 속이며 잘못된 선택을 하게 만든다. 올바른 정보를 선택하고 싶은 사람들의 자유를 침해한다.

나는 가짜 뉴스 규제에 찬성한다. 누구나 명확하게 인정할 증거에 근거해서 뉴스가 나와야 한다. 사실 확인이 되지 않은 정보, 의도적으로 왜곡된 정보, 과장된 정보는 규제되어야 한다.

과도한 유튜브 정치 뉴스도 제한할 필요가 있다고 본다. 유튜브에는 검증되지 않은 정보가 넘친다. 클릭을 유도하기 위해 제목을 과장하고, 편향된 의견을 사실처럼 포장한다. 이것은 문제다. 어느 정도의 규제가 필요하다.

그런데 누가 가짜 뉴스를 판단하는가? 이것이 핵심 문제다. 정부가 판단하면 권력 남용의 위험이 있다. 정부에 비판적인 뉴스를 가짜 뉴스라고 낙인찍을 수 있다. 언론이 판단하면 언론도 편향될 수 있다. 시민이 판단하면 기준이 제각각이다.

그래서 투명한 기준이 필요하다. 사실 관계가 명백히 틀렸을 때, 의도적으로 왜곡했을 때, 심각한 피해를 줄 때. 이런 경우에만 규제한다. 그리고 독립적인 기구가 판단해야 한다. 정부로부터 독립되고 투명한 절차를 가진 기구 말이다.

내 사상이 옳다고 과하게 생각하는 순간, 가짜 뉴스가 만들어진다. '내가 믿는 것이 진실이다.' '내 편이 하는 말은 다 맞다.' 이렇게 생각하면 가짜 뉴스를 만들어낸다. 자기 확신에 빠지고 비판적 사고가 사라진다. 위험하다.

가짜 뉴스는 오히려 내가 생각하는 가치를 수준 낮게 보이게 한다. 보수를 지지하더라도 보수 진영의 가짜 뉴스는 보수를 망친다. 진보를 지지하더라도 진보 진영의 가짜 뉴스는 진보를 망친다. 이는 그 가치를 소중하게 여기는 사람들의 자유를 침해하는 행위다.

검열은 최소한으로

혐오 표현과 가짜 뉴스는 제한되어야 한다. 하지만 검열은 최소한으로 해야 한다. 검열이 과도해지면 자유가 억압된다. 권력이 마음대로 표현을 제한하고, 비판을 막고, 반대 의견을 차단한다. 이것은 독재다.

검열의 기준은 명확해야 한다. 투명해야 하고 예측 가능해야 한다. 그리고 최소한으로만 해야 한다. 정말 필요한 경우에만, 다른 방법으로는 막을 수 없을 때만 검열해야 한다.

적극적 자유가 중요하다

'~로부터의 자유'와 '~할 자유'. 소극적 자유와 적극적 자유. 나는 '~할 자유'인 적극적 자유가 더 중요하다고 본다.

간섭받지 않는 것도 중요하다. 하지만 더 중요한 것은 무언가를 할 수 있는 것이다. 자유롭게 말할 수 있는 것, 자유롭게 선택할 수 있는 것, 자유롭게 행동할 수 있는 것. 그것이 진짜 자유다.

단순히 억압받지 않는 것이 아니라, 적극적으로 내 의지를 실현할 수 있는 것이 자유의 본질이다. 아무도 나를 막지 않는다면 좋다. 하지만 내가 하고 싶은 것을 할 수 없다면, 그것이 진짜 자유인가?

가난해서 선택하지 못하는 것은 자유 침해라고 어느 정도 동의한다. 형식적으로는 자유가 있다. 법적으로 제한받지 않는다. 하지만 실질적으로는 선택할 수 없다. 돈이 없어서, 기회가 없어서. 이것도 자유의 침해다.

국가는 이러한 자유 침해를 최대한 막고 선택을 할 수 있게 보장해야 한다. 최소한의 교육, 최소한의 의료, 최소한의 안전망을 제공해야 한다. 그래야 모두가 실질적으로 자유로울 수 있다. 이에 대한 예시로 나는 국가 장학금 제도를 들고 싶다. 능력이 있고 학업에 대한 열정이 있는 학생들이 가난해서 선택하지 못하는 것을 막는 대표적인 제도다.

하지만 이것이 평등을 위해 자유를 제한하는 것과는 다르다. 국가가 개입하는 목적이 다르다. 평등을 위한 개입은 결과를 같게 만들려는 것이다. 하지만 자유를 위한 개입은 기회를 보장하려는 것이다. 최소한의 출발선을 맞춰 주는 것이다. 그 이후는 개인의 자유와 능력에 달렸다.

자유와 평등이 충돌할 때는

자유와 평등이 충돌할 때는 어떻게 해야 하는가? 나는 자유가 우선이라고 생각한다. 안보와의 관계에서도 마찬가지다. 자유를 최소한으로만 제한하면서 다른 가치를 추구해야 한다.

평등을 위해 자유를 과도하게 제한하면 어떻게 되는가? 자유가 없는 평등은 결국 사회 전체의 생산성을 무너뜨린다. 모두가 평등하게 가난해진다. 모두가 평등하게 억압받는다. 북한을 보라. 평등을 말하지만 자유가 없다. 그 결과는? 모두가 평등하게 굶주린다.

자유가 있어야 발전이 있다. 자유가 있어야 혁신이 있다. 자유가 있어야 번영이 있다. 사람들이 자유롭게 생각하고, 자유롭게 시도하며, 자유롭게 경쟁할 때 새로운 것이 나온다. 더 좋은 것이 만들어진다. 사회가 앞으로 나아간다.

평등도 물론 중요하다. 하지만 자유를 희생해서는 안 된다. 과도한 복지 확대는 자유 침해로 이어질 수 있다. 왜 그런가? 복지를 위해 세금을 올리면, 세금은 개인의 재산을 가져가는 것이고, 이는 재산권이라는 자유를 제한하는 것이기 때문이다. 어느 정도의 세금은 필요하다. 하지만 과도하면 자유 침해다.

시장의 자유는 필요하다

경제적 자유를 말해야 한다. 시장의 자유는 필요하다. 자유롭게 거래하고, 자유롭게 경쟁하며, 자유롭게 성공하거나 실패하는 것. 이것이 중요하다.

과도한 시장 규제는 풀어야 한다. 국가가 시장에 개입할수록 자유는 줄어든다. 규제가 많아질수록 혁신은 사라진다. 나는 자유 시장이 중요하다고 생각한다. 통제는 언제나 부작용을 낳는다.

계획 경제를 보라. 소련, 중국, 북한. 국가가 모든 것을 통제하려 했다. 무엇을 생산할지, 얼마나 생산할지, 누구에게 팔지를 국가가 결정했다. 결과는? 비효율과 실패다. 소련은 붕괴했다. 중국은 시장 경제를 도입했다. 북한은 여전히 가난하다.

시장이 실패하는 경우도 있다. 독과점, 외부 효과, 정보 비대칭. 이런 경우 시장이 제대로 작동하지 않는다. 그러나 나는 최대한 자정 작용을 통해 다시 정상화될 수 있다고 믿는다. 국가의 개입은 최소화해야 한다. 개입하더라도 시장을 왜곡하지 않는 방식으로 해야 한다.

자유 시장은 완벽하지 않다. 문제도 있다. 하지만 통제보다는 낫다. 자유로운 시장이 혁신을 만든다. 경쟁이 발전을 만든다. 개인의 자유로운 선택이 번영을 만든다. 경제적 자유 없이 정치적 자유는 오래 가지 못한다. 둘은 함께 간다.

한국은 자유로운가

한국은 충분히 자유로운가? 그렇다. 한국은 충분히 자유롭다. 1987 년 민주화 이후 자유가 크게 확대됐다. 표현의 자유, 집회의 자유, 언론의 자유. 많은 자유가 보장된다. 독재 시대와는 비교할 수 없다.

하지만 이 자유를 억압하려는 세력은 아직도 존재한다. 일부 권력을 가진 자들이 자유를 제한하려 한다. 언론을 통제하려 하고, 비판을 막으려 하며, 반대 의견을 억압하려 한다. 최근의 계엄 선포 시도 같은 일이 그 예다. 경계해야 한다.

자유는 지켜야 할 가치다. 당연하게 여기면 안 된다. 자유는 생각보다 쉽게 사라질 수 있다. 조금씩, 천천히, 눈치채지 못하게. 안보를 빌미로, 질서를 빌미로, 공익을 빌미로 자유가 제한된다. 그래서 우리는 계속 감시해야 한다. 자유를 지키기 위해.

보수의 자유관

보수의 자유관은 무엇인가? 핵심은 책임 있는 자유, 질서 있는 자유다.

보수는 자유를 최우선 가치로 본다. 하지만 무질서한 자유가 아니다. 책임이 따르는 자유를 말한다.

자유롭게 선택하되, 책임진다. 자유롭게 행동하지만, 질서를 지킨다. 자유롭게 경쟁하되, 법을 따른다. 보수의 자유는 방종이 아니다. 책임이 있고, 질서가 있으며, 법이 있는 자유다. 그것이 지속 가능한 자유다. 그것이 진짜 자유다.

책임과 질서 있는 자유는 다른 어떤 가치보다 우선한다. 자유는 모든 것의 전제이기 때문이다. 자유 없이는 민주주의도 의미가 없다. 자유 없이는 평등도, 공정도 의미가 없다.

평등을 위해서라고? 자유를 최소한만 제한하라. 안보를 위해서라고? 자유를 최소한만 제한하라. 복지를 위해서라고? 자유를 최소한만 제한하라.

책임과 질서가 있는 자유는 협상의 대상이 아니다. 조금씩 포기할 수 있는 것이 아니다. 자유는 지켜야 할 가치다. 타협할 수 없는 원칙이다.

자유는 모든 가치의 시작

자유는 나에게 인간됨을 가르쳤다.

선택할 수 있기에 인간이다. 책임질 수 있기에 존엄하다. 자유롭기에 의미가 있다.

자유가 없으면 우리는 무엇인가? 국가의 부품인가? 집단의 도구인가? 아니다. 우리는 자유로운 개인이다. 스스로 생각하고, 스스로 선택하며, 스스로 책임지는 존재. 그것이 인간이고, 그것이 자유다.

자유는 모든 가치의 시작이다. 자유 없이는 아무것도 없다. 민주주의도, 공정도, 평등도. 자유가 있어야 의미가 있다. 자유가 토대다. 자유가 전제다. 자유가 시작이다.

책임 있는 자유. 질서 있는 자유. 법 안에서의 자유.

그것이 자유에 대한 나의 생각이고, 보수로서 내가 지키는 여섯 번째 가치다. 자유롭게 선택하고, 책임지며, 존엄하게 살 수 있는 것. 그것이 자유다.

2부 7장: 평등 — 같음과 다름 사이에서

평등이란 무엇인가

평등은 결과를 균등하게 만드는 것이다. 공정이 과정이라면, 평등은 결과다. 5 장에서 다룬 것처럼 이 둘은 다르다. 공정은 과정의 투명성이었고, 능력에 따른 보상이었다. 이번 장에서 다룰 평등은 결과의 균등이고, 격차의 해소다.

공정이 우선이다. 하지만 평등도 필요하다. 사회의 심한 불균형을 해소하기 위해서다. 공정한 과정만으로는 극단적 격차가 생길 수 있다. 그 격차는 사회를 불안하게 만든다.

결과의 차이는 자연스럽다

결과의 차이는 당연하다. 더 노력한 사람이 더 받고, 더 능력 있는 사람이 더 성공한다. 이것은 자연스럽고 정당하다. 5 장에서 말했던 공정의 원칙, 능력에 따른 보상이다. 과정이 공정하다면 결과의 차이는 정당하다.

하지만 심한 불균형은 문제다. 차이와 격차는 다르다. 능력의 차이, 노력의 차이, 환경의 차이. 이런 차이는 자연스럽다. 인정한다. 하지만 극단적인 격차, 극복 불가능한 격차는 사회를 망친다.

극단적인 예시를 들어보자. 노동 환경이 거의 비슷한데 누구는 시급 100 원을 받고 누구는 10 만 원을 받는다. 이것이 내가 말하는 '심한 불균형'이다. 물론 현실에는 없는 극단적인 예시지만, 차이는 인정하되 격차는 문제라는 점을 보여준다.

격차의 기준은 무엇인가

그렇다면 구체적으로 어느 정도의 격차가 문제인가? 솔직히 말하면, 한 개인이 정확한 수치를 제시하기는 어렵다. 소득 격차 10 배는 괜찮은가? 100 배는? 1000 배는? 명확한 기준을 내가 제시할 수는 없다.

하지만 원칙은 있다. 소득 격차 자체가 문제가 아니라, 사람이 사람답게 살아갈 수 있을 정도는 벌어야 한다는 것이다. 최저선이 있어야 한다. 아무리 꼴등을 해도, 최소한 인간다운 삶을 살 수 있어야 한다. 먹고살 수 있고, 집이 있으며, 아플 때 병원에 갈 수 있고, 자녀를 교육시킬 수 있는 정도. 이것이 최저선이다.

재벌과 최저임금 노동자는 비교 대상이 아니다. 둘은 업무 영역도 다르고 책임의 영역도 다르다. 재벌은 업무 영역이 방대하고 책임의 영역이 매우 넓다. 더 받는 게 맞다. 문제는 재벌이 너무 많이 버는 것이 아니다. 최저임금 노동자가 사람답게 살 수 없을 정도로 적게 버는 것이 문제다.

격차의 문제는 상대적이 아니라 절대적이다. '누가 나보다 100 배 더 번다'가 문제가 아니라, '나는 먹고살 수 없다'가 문제다. 격차를 줄이는 것도 중요하지만, 더 중요한 것은 최저선을 보장하는 것이다. 꼴등이라도 사람답게 살 수 있게 하는 것. 그것이 평등의 핵심이다.

왜 결과의 평등이 일부 필요한가

심한 불균형을 해소하기 위해서다. 심한 불균형은 사회 혼란과 분열을 야기한다. 가진 자와 못 가진 자의 격차가 극단적으로 벌어지면, 사회는 둘로 쪼개진다. 상위 1%와 하위 99%로 나뉘고, 사회는 대립하고 증오하며 분열된다.

그리고 못 가진 자들은 희망을 잃는다. 아무리 노력해도 소용없다고 느낀다. '어차피 금수저한테는 못 이긴다.' '부자는 계속 부자고, 가난한 사람은 계속 가난하다.' 이렇게 생각하며 노력을 포기한다. 사회는 정체된다.

그러면 사회는 무너진다. 역사가 이것을 증명한다. 극단적 불평등은 혁명을 낳는다. 프랑스 혁명, 러시아 혁명 모두 극단적 불평등에서 시작됐다. 귀족과 평민의 격차가 너무 컸다. 평민은 굶주렸고, 귀족은 호화로웠다. 그래서 혁명이 일어났다.

그래서 평등이 필요하다. 극단적 격차를 줄이고, 사회를 안정시키며, 희망을 주기 위해. 평등은 도덕적 이유만이 아니라 실용적 이유로도 필요하다. 평등한 사회가 안정적이고 지속 가능하다.

하지만 완전한 결과의 평등은 반대한다

완전한 결과의 평등은 결국 공산주의 체제로 간다. 모두에게 똑같이 나눠준다. 노력과 무관하게, 능력과 무관하게. 그러면 어떻게 되는가? 아무도 노력하지 않는다. 노력해도 결과가 같다면, 왜 노력하겠는가? 열심히 일하나 게으르게 일하나 받는 것이 같다면, 왜 열심히 하겠는가?

이는 사회 전체의 생산성을 저해한다. 모두가 평등하게 가난해진다. 북한을 보라. 평등을 말하지만 모두가 평등하게 굶주린다. 소련도 마찬가지였다. 1991 년 붕괴하기 전까지 소련은 '완전한 평등'을 추구했다. 결과는? 경제 파탄, 기술 낙후, 국민의 가난이었다.

완전한 평등은 불가능하고, 바람직하지도 않다. 인간은 다르다. 능력이 다르고, 노력이 다르며, 결과도 달라야 한다. 그것이 자연스럽고, 그것이 인간이다. 완전한 평등은 인간의 본성을 무시하고, 차이를 인정하지 않으며, 개성을 억압한다.

평등을 위해 자유는 어디까지 제한할 수 있는가

최소한으로. 6 장에서 자유를 다루면서 말했듯이, 자유는 최우선 가치다. 평등을 위해 자유를 과도하게 제한해서는 안 된다. 평등이 필요하지만, 자유를 희생해서는 안 된다.

최소한의 제한, 꼭 필요한 만큼만. 그것으로 충분하다. 평등을 위해 세금을 거둔다. 이것은 내 재산에 대한 자유를 제한하는 것이다. 하지만 공공재를 위해, 최소한의 안전망을 위해 필요하므로 허용된다. 하지만 과도한 세금은 자유의 과도한 침해다.

평등을 위해 규제를 만든다. 이것도 경제 활동의 자유를 제한하는 것이다. 하지만 독과점을 막고, 불공정 거래를 막기 위해 어느 정도는 필요하므로 허용된다. 하지만 과도한 규제는 자유의 과도한 침해다.

균형이 필요하다. 평등도 중요하고, 자유도 중요하다. 하지만 자유가 우선이다. 평등을 위해 자유를 제한할 때는 신중해야 한다. 정말 필요한가? 다른 방법은 없는가? 최소한으로만 제한하는가? 이런 질문을 해야 한다.

차이와 격차는 다르다

사람들은 다르다. 차이가 있다.

누구는 비장애인이고 누구는 장애인이다. 이는 노력으로 해결할 수 없는 차이다. 동일한 능력을 가졌으나 누구는 돈이 있어 대학에 진학하고, 누구는 돈이 없어 대학 진학을 포기한다.

이러한 불평등 앞에서 우리는 평등의 개념을 다시 생각해야 한다.

차이는 인정한다. 하지만 차이가 격차가 되어서는 안 된다. 장애인이라는 차이, 가난한 집안이라는 차이가 극복 불가능한 격차가 되어서는 안 된다. 평등은 차이를 없애는 것이 아니다. 격차를 줄이는 것이다.

장애인과 평등

장애인의 차이를 격차로 만들지 않기 위해 무엇이 필요한가?

5 장에서 다룬 장애인 의무고용제도는 사회적 합의를 통한 예외로서 공정한 제도다. 하지만 의무고용만으로는 부족하다. 더 많은 것이 필요하다.

장애인 편의시설을 생각해보자. 휠체어 경사로, 점자 블록, 음성 안내. 이것이 특혜인가? 아니다. 이것은 평등이다. 비장애인이 할 수 있는 것을 장애인도 할 수 있게 만드는 것이다. 차이를 격차로 만들지 않는 것이다.

가난과 평등

가난한 집 아이의 차이를 격차로 만들지 않기 위해 무엇이 필요한가?

국가 장학금 지원 제도가 필요하다. 능력이 있는데 돈이 없어서 대학을 못 가는 경우, 그것은 차이가 격차가 된 것이다. 막아야 한다.

사교육비 지원도 필요하다고 본다. 사교육 격차가 문제다. 부유한 집 아이는 과외를 받고 학원을 다니며 좋은 교육을 받는다. 가난한 집 아이는 받을 수 없다. 이것이 격차를 만든다. 완전히 없앨 수는 없지만 어느 정도는 보정해야 한다.

물론 한계는 있다. 모든 사교육비를 국가가 지원할 수는 없다. 그것은 과도하다. 하지만 최소한은 보장해야 한다. 기초 학력, 기본 교육만큼은 가난해도 받을 수 있어야 한다. 그것이 평등이다.

최소한의 안전망이 필요하다

최소한은 보장되어야 한다.

최소한의 안전망은 무엇인가? 적어도 한 레이스가 끝나도 다음 레이스의 출발점 격차가 너무 극단적이지 않도록 하는 것이다.

한 번 실패했다. 꼴등을 했다. 그렇다고 모든 레이스에서 영원히 꼴등으로 시작해야 하는가? 아니다. 다시 시작할 수 있어야 한다. 조금 뒤에서 시작할 수는 있다. 하지만 너무 극단적으로 뒤처져서는 안 된다. 그것이 최소한의 안전망이다.

구체적으로 어디까지 보장해야 하는가? 한 개인의 입장에서 선을 긋기는 어렵다. 하지만 원칙은 명확하다. 다시 다른 레이스에 설 수 있는 희망을 주는 것. 한 번 실패했어도 다시 도전할 수 있고, 꼴등을 했어도 다음 기회가 있다는 희망을 주는 것. 그것이 안전망이다.

기초생활보장, 실업급여, 의료 지원 등이 안전망이다. 구체적인 수준은 8 장 복지 파트에서 다룰 것이다. 하지만 원칙은 여기서 말한다. 최소한의 인간다운 삶과 다시 일어설 수 있는 기회를 보장하는 것. 그것이 안전망이다.

보수도 평등이 필요하다

많은 보수는 기회의 균등만 강조한다. 결과의 차이는 정당하다고만 말한다. 평등을 말하면 진보라고 한다.

하지만 나는 생각한다. 보수도 평등이 필요하다고.

왜? 평등은 건강한 사회를 위해 필요하기 때문이다. 과정만 보면 누군가는 아예 도태되어 사회에서 낙오된다. 이러한 이들도 어느 정도 포용하고 가야 한다. 완전히 버려지는 사람이 있으면 안 된다. 사회는 함께 가는 것이다.

과정의 균등과 결과의 균등은 양립할 수 있다. 과정을 공정하게 하되 결과의 극단적 격차는 줄인다. 둘은 모순되지 않는다. 공정한 과정으로 경쟁한다. 하지만 1 등과 꼴등의 격차가 너무 벌어지면 꼴등에게 다시 일어설 기회를 준다. 그것이 균형 잡힌 입장이다.

보수가 평등을 말하면 정체성을 잃는 것인가? 아니다. 보수의 핵심은 자유다. 자유를 최우선으로 하되 최소한의 평등을 보장한다. 이것이 보수의 평등관이다.

진보와 다른 점은 무엇인가? 진보는 평등을 위해 자유를 크게 제한한다. 보수는 자유를 우선하되 최소한의 평등을 보장한다. 우선순위가 다르다.

과도한 양극화는 문제다

양극화는 문제다.

노력했으나 실패한 이들이 있다. 그들에게 희망이 있어야 한다. 다시 다른 레이스에서 출발선이 약간 달라지더라도 달려갈 수 있는 희망을 주어야 한다.

한 번의 실패가 영원한 실패가 되어서는 안 된다. 한 번의 꼴등이 영원한 꼴등이 되어서는 안 된다. 그것이 건강한 사회이자 지속 가능한 사회다.

한국의 양극화는 어떤가? 그래도 줄여 나가고 있다고 본다. 완벽하지는 않다. 여전히 재벌과 중소기업의 격차, 정규직과 비정규직의 격차 등 문제가 있다. 하지만 과거보다는 나아지고 있다. 최저임금이 올랐고 복지가 확대됐다. 방향은 맞다. 계속 개선해야 한다.

평등과 복지

평등이라는 가치를 지키려면 복지라는 장치가 필요하다. 복지는 수단이고, 평등은 목적이다.

왜 복지가 필요한가? 그 질문에 답은 명확하다. 평등을 실현하기 위해서다. 최소한의 안전망을 만들기 위해서다. 격차를 줄이기 위해서다.

무상 급식, 무상 의료, 기초생활보장, 실업 급여 같은 구체적인 복지 정책은 8장에서 다룰 것이다. 지금 이 자리에서 내가 말하고 싶은 것은 원칙이다. 복지는 평등을 위한 도구라는 것. 복지 확대 그 자체가 목적이 되어서는 안 된다는 것. 우리가 진짜 실현해야 할 것은 평등이라는 것.

과도한 복지는 문제다. 6장에서 말했듯이, 복지를 지나치게 확대하면 자유를 침해한다. 그래서 균형이 필요하다. 평등을 위한 복지이되, 자유를 과도하게 침해하지 않는 복지. 최소한의 복지, 꼭 필요한 복지. 그것이 답이다.

평등의 한계를 인정한다

평등에는 한계가 있다. 완전한 평등은 불가능하다. 인간은 저마다 다르기 때문이다. 능력이 다르고, 노력이 다르며, 운도 다르다. 이 모든 것을 완전히 같게 만들 수는 없다.

그리고 완전한 평등을 추구하면 자유가 사라진다. 평등을 위해 모든 것을 통제해야 한다. 국가가 개입하고, 규제하며, 재분배한다. 자유는 점점 줄어든다. 그래서 완전한 평등은 바람직하지도 않다.

평등의 한계를 인정하고, 현실적인 평등을 추구해야 한다. 완벽하지 않아도 괜찮다. 조금씩 나아지면 된다. 극단적 격차를 줄이고, 최소한의 안전망을 만들며, 희망을 주는 것. 그것으로 충분하다.

평등은 나에게 또 한 번 균형을 가르쳤다

공정만으로는 부족하다. 평등도 필요하다. 하지만 평등만으로도 부족하다. 공정도 필요하다. 과정의 공정과 결과의 균등, 둘은 함께 가야 한다.

극단은 언제나 위험하다. 완전한 평등도 위험하고, 극단적 불평등도 위험하다. 균형, 그것이 답이다. 기회의 균등을 보장하되, 결과의 극단적 격차는 줄인다. 자유를 최우선으로 하되, 최소한의 안전망은 보장한다.

이것이 평등에 대한 나의 생각이고, 보수로서 내가 지키는 일곱 번째 가치다. 완전한 평등은 아니다. 하지만 극단적 불평등도 아니다. 차이를 인정하되, 격차는 줄이는 것. 그것이 내가 생각하는 평등이다.

2부 8장: 성평등 — 페미니즘을 넘어 이퀄리즘으로

성평등이란 무엇인가

성평등은 성이 차이이지 결함이 아님을 인정하는 것이다. 남성과 여성은 다르다. 하지만 다르다는 것이 열등하거나 우월하다는 뜻은 아니다. 그저 차이일 뿐이다.

평등을 말할 때 우리는 종종 '같음'을 떠올린다. 하지만 성평등은 같음이 아니다. 남성과 여성을 똑같이 만드는 것이 아니다. 차이를 인정하면서도 동등하게 대우하는 것, 그것이 성평등이다.

나는 남성과 여성의 생물학적 차이를 인정한다. 남성이기에 우월한 부분이 있고, 여성이기에 우월한 부분이 있다. 이것을 부정하지 않는다. 있는 그대로 본다.

남성은 평균적으로 체력이 강하다. 여성은 평균적으로 세밀한 작업에 능하다. 물론 이것은 일반화일 뿐이다. 하지만 경향은 존재한다.

문제는 평균이 개인을 결정하지 않는다는 점이다. 평균적으로 남성이 강하지만, 강한 여성도 있고 약한 남성도 있다. 평균은 경향일 뿐이다. 개인을 판단할 때는 평균이 아니라 그 사람 자체를 봐야 한다.

차이를 인정하되, 차이가 차별의 근거가 되어서는 안 된다. 차이를 인정하는 것, 그것이 성평등의 시작이다.

페미니즘, 나는 왜 지지하지 않는가

먼저 명확히 하자. 나는 한국의 페미니즘에 대해 이야기한다.

페미니즘은 여성 인권만을 바라본다. 여성의 문제만 본다. 남성의 문제는 보지 않는다. 그리고 적어도 국내 페미니즘은 여성 우월주의라고 나는 본다. 페미니즘이라는 이름으로 평등을 말하지만, 실제로는 여성의 우월을 주장한다. 여성만의 권리를 확대하려 한다. 남성의 권리는 무시한다. 그것은 평등이 아니다. 또 다른 불평등이다.

구체적 사례를 보자. 워마드는 온라인 커뮤니티로 페미니즘을 표방한다. 하지만 그들이 하는 일은 남성 혐오다. '미러링'이라는 이름으로 남성을 비하하고, 조롱하며, 혐오한다. 여성이 받은 혐오를 남성에게 똑같이 돌려준다는 것이다.

하지만 그것이 정당한가? 아니다. 혐오는 혐오다. 누구를 향하든, 어떤 명분이든, 혐오는 정당화될 수 없다.

남성을 가해자로 보는 시각도 옳지 않다. 모든 남성이 가해자인가? 모든 여성이 피해자인가? 아니다. 개인은 각자 다르다. 성별로 일반화할 수 없다. 하지만 페미니즘은 남성을 집단으로 본다. 남성이라는 이유만으로 가해자 취급한다. 이것은 차별이다.

'남성은 잠재적 가해자다.' 이런 말을 들어봤을 것이다. 모든 남성이 그런가? 아니다. 대부분의 남성은 평범한 사람들이다. 범죄를 저지르지 않는다. 여성을 존중한다. 하지만 페미니즘은 남성 전체를 의심한다.

페미니즘은 결국 또 다른 차별과 불균형을 만들어낸다. 여성의 불평등을 해소한다는 명목으로 남성을 역차별한다. 여성에게 특혜를 주고, 그것을 평등이라고 부른다.

과거에 여성이 차별받았다고 해서, 지금 남성을 차별해도 된다는 말인가? 아니다. 차별은 차별이다. 누구를 향하든, 어떤 명분이든, 차별은 정당화될 수 없다. 과거의 잘못을 현재의 역차별로 보상할 수는 없다. 과거의 차별을 해결하는 방법은 현재의 역차별이 아니라, 현재의 평등이다.

더 큰 문제는 페미니즘이 오히려 성별 갈등을 심화시킨다는 점이다. 페미니즘은 평등을 말하지만, 실제로는 대립을 만든다. 남성 대 여성의 구도를 만든다. 서로를 적으로 본다. 서로를 경쟁자로 본다. 협력이 아니라 투쟁을 말한다.

그 결과는? 성별 갈등의 심화. 남성과 여성의 분열. 사회의 분열. 이것이 평등인가? 아니다. 평등은 대립이 아니라 협력이어야 한다. 투쟁이 아니라 공존이어야 한다.

남성 혐오와 여성 혐오는 둘 다 문제다

'한남'이라는 표현. 남성을 비하하는 수많은 말들. 남성 전체를 혐오의 대상으로 만드는 표현들. 이것은 혐오다. 차별이다. 규제되어야 한다.

6 장에서 혐오 표현을 다뤘다. 혐오 표현은 질서 없는 자유다. 제한의 대상이다. 남성 혐오도 마찬가지다.

여성 혐오가 문제라면, 남성 혐오도 문제다. 둘은 동일한 문제이며 어느 쪽이 더 심각하다고 볼 수 없다. '김치녀'라는 표현이 있다. 여성을 비하하는 말이다. 문제다. 규제되어야 한다. 그렇다면 '한남'은? 남성을 비하하는 말이다. 똑같이 문제다. 똑같이 규제되어야 한다.

하지만 현실은 다르다. '김치녀'는 여성 혐오로 비난받는다. '한남'은? '미러링'이라며 정당화된다. 이것이 평등인가? 아니다. 여성이 받은 혐오를 남성에게 똑같이 돌려주는 것은 정당화될 수 없다. 혐오는 혐오다. 누구를 향하든, 어떤 명분이든.

적어도 국내에서 페미니즘을 표방하는 측은 대부분 과격한 페미니즘이라고 나는 본다. 온건한 페미니즘이 있을 수 있다. 하지만 한국에서는 과격한 페미니즘이 주류다. 남성 혐오적 발언과 행동이 미러링이라는 이름으로 정당화된다.

혐오와 대립의 시대를 끝내야 한다. '한남' '김치녀' 이런 말들을 멈춰야 한다. 서로를 존중하고, 서로를 이해하며, 함께 나아가야 한다. 남성도 여성도 모두 인간이다. 동등한 존엄을 가진 인간이다. 이것을 잊지 말아야 한다.

이퀄리즘 - 내가 지지하는 것

페미니즘 대신, 나는 이퀄리즘을 말한다. 이퀄리즘은 우리의 차이를 인정하며, 각자의 성역할을 인정하며, 그럼에도 불구하고 우리가 동일한 인간임을 주장하는 것이다.

페미니즘은 여성만 본다. 이퀄리즘은 남성과 여성 모두를 본다. 페미니즘은 차이를 부정한다. 이퀄리즘은 차이를 인정한다. 페미니즘은 성역할을 거부한다. 이퀄리즘은 성역할을 인정하되 강요하지 않는다. 페미니즘은 평등을 명분으로 여성 우월을 추구한다. 이퀄리즘은 진짜 평등을 추구한다.

핵심 차이는 무엇인가? 페미니즘은 편향적이다. 한쪽만 본다. 이퀄리즘은 균형적이다. 양쪽을 본다. 페미니즘은 여성의 문제만 해결하려 한다. 이퀄리즘은 남성과 여성의 문제를 모두 해결하려 한다.

이퀄리즘의 핵심은 균형이다. 한쪽만 보지 않고 양쪽을 본다. 차이를 부정하지도 않고 과장하지도 않는다. 성역할을 강요하지도 않고 완전히 거부하지도 않는다. 극단을 피하고 중도를 지킨다. 이것이 이퀄리즘이다.

나는 성역할이 존재함을 인정한다. 임신과 출산은 여성만 할 수 있다. 평균적으로 남성이 신체적으로 더 강하다. 이런 차이는 자연스럽게 역할의 차이를 만든다. 성역할을 인정한다. 하지만 강요하지는 않는다.

'인정하되 강요 안 함'이 무슨 뜻인가? 구체적으로 설명하자. 육아는 잘하는 사람이, 가사도 잘하는 사람이, 생계 부양은 경제적 능력이 있는 사람이 조금 더 해야 한다. 성별이 아니라 능력으로 결정되어야 한다는 것이다.

성역할이 의미 있는 분야가 있다. 하지만 의미 없는 분야도 있다. 지적 능력, 창의성, 리더십. 이런 것들은 성별과 무관하다. 이런 분야에서 성별로 판단하는 것은 편견이다. 능력으로 평가한다. 성별이 아니라 개인으로 본다.

여성은 수학을 못한다? 편견이다. 여성은 리더십이 부족하다? 편견이다. 남성은 감정 표현을 못한다? 편견이다. 남성은 섬세하지 못하다? 편견이다. 이런 편견들을 버려야 한다.

여성이 겪는 문제들

여성이 겪는 불평등은 존재한다. 이퀄리즘은 이것을 부정하지 않는다. 페미니즘과의 차이는? 페미니즘은 여성 문제만 본다. 이퀄리즘은 여성 문제도 보고, 남성 문제도 본다.

출산으로 인한 경력 단절. 이것은 분명한 문제다. 여성은 임신하고 출산한다. 그 과정에서 경력이 끊긴다. 직장을 그만두거나 승진에서 밀린다. 이것은 불평등이다. 해결되어야 한다.

어떻게? 출산 지원을 늘리고, 육아 휴직을 보장하며, 복직을 보장한다. 남성도 육아에 참여하도록 한다. 여성만의 문제가 아니라 사회의 문제로 본다. 구체적인 정책은 전문가의 자문을 바탕으로 사회 합의를 통해 정해야 한다. 출산 휴가를 몇 개월로 할 것인가? 육아 휴직을 얼마나 보장할 것인가? 남성 육아 휴직을 의무화할 것인가? 이런 것들은 전문가와 사회가 함께 결정해야 한다.

유리천장. 여성이 고위직에 오르기 어렵다는 것. 이것이 존재하는가? 어느 정도는 존재한다고 본다. 왜? 출산과 육아로 인한 경력 단절. 오랜 기간 쌓인 남성 중심 문화. 이런 것들이 유리천장을 만든다.

하지만 이것이 전부 차별 때문인가? 아니다. 선택의 문제도 있다. 일부 여성은 고위직을 원하지 않는다. 일과 삶의 균형을 선택한다. 이것은 존중되어야 한다. 강요해서는 안 된다.

성폭력 문제도 있다. 이것은 심각한 문제다. 해결되어야 한다. 하지만 해결 방법은? 모든 남성을 잠재적 가해자로 보는 것이 아니다. 실제 가해자를 처벌하는 것이다. 피해자를 보호하는 것이다. 예방 교육을 하는 것이다. 집단을 차별하는 것이 아니라 개인을 판단하는 것이다.

임금 격차도 이야기된다. 여성이 남성보다 적게 번다고. 이것이 차별 때문인가? 일부는 그렇다. 하지만 전부는 아니다. 경력 단절, 직종 선택, 근무 시간. 이런 요인들도 있다. 차별은 해소해야 한다. 하지만 모든 임금 격차를 차별로 볼 수는 없다. 원인을 정확히 파악하고 해결해야 한다.

남성이 겪는 문제들

남성이 겪는 불평등도 존재한다. 페미니즘은 이것을 보지 않는다. 이퀄리즘은 본다. 남성의 문제도 여성의 문제만큼 중요하다. 평등은 양쪽을 보는 것이다.

남성만 군대에 징집되는 점. 이것은 명백한 불평등이다. 왜 남성만 군대에 가는가? 여성은 가지 않는가? 국방의 의무는 모든 국민의 의무다. 하지만 남성만 진다. 이것은 차별이다. 해결되어야 한다.

어떻게? 두 가지 방법이 있다. 첫째, 여성도 군대에 가는 것. 둘째, 남성에게 그에 상응하는 보상을 주는 것. 나는 후자가 더 현실적이라고 본다. 여성의 군대 징집 자체보다는 국방세 제도 도입이 더 현실적이라고 본다.

국방세란 무엇인가? 군 복무를 하지 않는 사람에게 세금을 부과하는 것이다. 여성이 군대에 가지 않는 대신, 국방세를 낸다. 그 돈으로 군인의 처우를 개선하고, 전역자를 지원한다. 이것이 공정하다. 남성은 시간을 바친다. 여성은 돈을 낸다. 각자 다른 방식으로 국방의 의무를 진다.

이혼 시 양육권 문제도 있다. 대부분 여성에게 간다. 왜? '어머니가 아이를 더 잘 돌본다'는 편견 때문이다. 하지만 이것은 편견이다. 남성도 아이를 잘 돌볼 수 있다. 양육 능력은 성별이 아니라 개인의 능력이다. 법원은 양육권을 결정할 때 어머니를 우선한다. 이것은 남성 차별이다. 양육 능력을 보고 판단해야 한다. 성별이 아니라 누가 아이를 더 잘 돌볼 수 있는가를 봐야 한다.

남성 육아 휴직도 문제다. 법적으로는 보장된다. 하지만 현실은? 쓰기 어렵다. 왜? 직장 문화 때문이다. '남자가 육아 휴직을 쓴다고?' 이런 시선이 있다. 승진에서 불이익을 받는다. 동료들의 눈치를 본다. 그래서 못 쓴다. 이것은 문제다.

육아는 여성만의 일이 아니다. 남성도 해야 한다. 남성이 육아 휴직을 쓸 수 있어야 한다. 어떻게? 문화를 바꿔야 한다. 남성 육아 휴직을 장려하고, 불이익을 주지 않으며, 당연한 것으로 받아들여야 한다.

성범죄 누명도 심각한 문제다. 실제로 성범죄를 저지르지 않았는데 누명을 쓰는 경우. 이것은 남성의 삶을 파괴한다. 무고죄가 있지만 처벌이 약하다. 균형이 필요하다. 성폭력 피해자를 보호하되, 무고 피해자도 보호해야 한다. 양쪽을 모두 보는 것. 그것이 이퀄리즘이다.

할당제는 답이 아니다

여성 할당제가 꼭 필요한지는 의문이다. 할당제를 하는 곳을 보자. 경찰, 소방관. 둘 다 체력이 중요하다. 굳이 여성 할당을 크게 해야 하나? 체력이 필요한 직업이다. 평균적으로 남성이 체력이 강하다. 그렇다면 결과적으로 남성이 많을 수 있다. 그것을 불평등이라고 볼 수 있는가? 아니다. 능력에 따른 결과다. 체력이라는 능력이 우선시되어야 하는 부분이기 때문이다.

할당제로 여성을 많이 뽑으면? 능력 기준이 낮아진다. 체력 기준을 낮춰서 여성을 뽑는다. 그것이 진짜 평등인가? 아니다. 그것은 역차별이고, 능력 무시다. 능력으로 뽑아야 한다. 성별이 아니라 능력으로.

나머지 분야 할당제도 굳이 필요한가? 기업 임원 여성 할당제. 국회의원 비례대표 여성 할당. 이런 것들도 마찬가지다. 능력으로 뽑아야 한다. 성별 할당이 아니라 능력 평가로. 물론 차별이 있다면 해소해야 한다. 하지만 할당제는 답이 아니다. 할당제는 또 다른 차별을 만든다.

유리천장을 깨는 방법은? 차별을 없애는 것이다. 출산과 육아로 인한 불이익을 없애는 것이다. 하지만 할당제로 여성을 억지로 고위직에 앉히는 것은 답이 아니다. 능력으로 평가해야 한다. 성별이 아니라. 할당제는 능력 있는 여성에게도 모욕이다. '능력이 아니라 성별로 뽑혔다'는 의심을 받게 만든다.

진짜 평등은 무엇인가? 성별과 무관하게 능력으로 평가받는 것이다. 여성이라서 불이익을 받지도 않고, 여성이라서 특혜를 받지도 않는 것이다. 남성도 마찬가지다. 성별이 아니라 개인으로 보는 것. 편견이 아니라 능력으로 보는 것. 그것이 평등이다.

이퀄리즘이 나에게 가르친 것

여성만 보지 않는다. 남성만 보지도 않는다. 둘 다 본다. 차이를 부정하지 않는다. 차이를 인정하되 차별하지 않는다. 성역할을 인정한다. 하지만 강요하지 않는다.

페미니즘이 아니라 이퀄리즘. 여성 우월이 아니라 진짜 평등. 남성과 여성은 다르다. 하지만 동일한 인간이다. 차이는 있지만 평등하다.

성별이 아니라 개인으로. 편견이 아니라 능력으로. 이것이 성평등에 대한 나의 생각이고, 보수로서 내가 지키는 여덟 번째 가치다. 페미니즘을 넘어, 이퀄리즘으로. 대립이 아니라 협력으로. 갈등이 아니라 공존으로. 그것이 진짜 평등이다.

남성과 여성은 적이 아니다. 경쟁자가 아니다. 협력자다. 함께 살아가는 사람들이다. 서로의 차이를 인정하고, 서로의 문제를 이해하며, 함께 해결책을 찾아야 한다. 이것이 이퀄리즘이다.

혐오와 대립의 시대를 끝내야 한다. 서로를 존중하고, 서로를 이해하며, 함께 나아가야 한다.

성평등은 어려운 문제다. 완벽한 답은 없다. 하지만 방향은 명확하다. 차이를 인정하되 차별하지 않는 것. 양쪽을 모두 보는 것. 능력으로 평가하는 것. 편견을 버리는 것. 이렇게 조금씩, 천천히, 나아가는 것. 그것이 우리가 할 일이다.

남성도 여성도 모두 인간이다. 동등한 존엄을 가진 인간이다. 이것을 잊지 말아야 한다. 차이는 있다. 하지만 그 차이가 차별의 근거가 되어서는 안 된다. 개인을 보고, 능력을 보며, 존엄을 존중하는 것. 그것이 진짜 평등이다. 그것이 이퀄리즘이다.

2부 9장: 복지 — 시혜가 아닌 권리

복지란 무엇인가

복지는 국민의 권리다. 시혜가 아니다.

국가가 베푸는 은혜가 아니라, 국민이 마땅히 누려야 할 권리다. 인간적인 삶을 보장하기 위한 권리. 최소한의 존엄을 지키기 위한 권리. 그것이 복지다.

복지는 왜 필요한가? 과도한 불균형을 해소하고 어느 정도 평등을 실현하기 위해서다. 7 장에서 말했다. 심한 불균형은 해소되어야 한다고. 복지는 그것을 위한 가장 효과적인 수단이다. 한 번의 실패가 영원한 실패가 되지 않도록. 한 번의 꼴찌가 영원한 꼴찌로 굳어지지 않도록. 다시 일어설 기회를 주는 것. 그것이 복지다.

'최소한의 안전망'. 이 말에 동의한다. 떨어져도 바닥이 있어야 한다. 아무리 실패해도 최소한은 보장되어야 한다. 그래야 다시 일어설 용기가 생긴다. 바닥이 없다면? 한 번 실패하면 끝이다. 끝없이 추락한다. 그것은 너무 잔인하다. 인간적이지 않다.

어디까지 보장해야 하는가? 사람답게 살 수 있는 수준. 한 번의 꼴찌가 영원한 꼴찌가 되지 않게 하는 수준. 7 장에서 말한 그 기준이 복지의 기준이기도 하다. 최소한의 존엄. 다시 일어설 기회. 희망을 잃지 않게 하는 안전망. 그 정도면 충분하다.

모든 것을 보장할 수는 없다. 완벽한 삶을 보장할 수는 없다. 하지만 최소한은 보장해야 한다. 굶지 않게, 얼어 죽지 않게, 병들어 죽지 않게. 그리고 다시 일어설 기회를. 이것이 복지의 목적이다.

보편적 복지 vs 선별적 복지

나는 선별적 복지를 지지한다. 보편적 복지에는 반대한다.

모두에게 주는 복지. 필요 없는 사람에게도 주는 복지. 복지는 정말 필요한 이들에게만 집중되어야 한다.

왜 선별적 복지인가? 자원은 한정되어 있다. 세금은 무한하지 않다. 모두에게 줄 수는 없다. 그렇다면 누구에게 줘야 하는가? 정말 필요한 사람에게. 부자에게도 복지를 주는가? 스스로 먹고살 수 있는 사람에게도 주는가? 아니다. 선별해야 한다. 효율적으로 써야 한다.

보편적 복지의 문제는 무엇인가? 재정을 낭비한다. 필요 없는 사람에게도 주니까. 그리고 세금이 올라간다. 모두에게 주려면 더 많은 돈이 필요하니까. 결국 누가 손해를 보는가? 중산층이다. 세금은 더 내는데 혜택은 별로 없다. 비효율적이고 불공정하다.

기본소득을 보자. 모두에게 돈을 주는 것. 일하든 안 하든, 부자든 가난하든, 모두에게. 비효율적이다. 재정 낭비다. 게다가 일할 의욕을 떨어뜨린다. 복지는 선별적이어야 한다. 보편적 복지는 복지가 아니라 포퓰리즘이다. 내가 이재명의 기본소득 공약을 반대하는 이유다. 과도한 증세를 초래할 수밖에 없다.

박근혜 정부의 맞춤형 복지가 옳았다고 본다. 정말 필요한 사람을 찾아서, 그 사람에게 맞는 복지를 제공하는 것. 이것이 진짜 복지다. 모두에게 똑같이 주는 것이 아니라, 필요한 만큼, 필요한 사람에게 주는 것. 효율적이고 공정하다.

복지 국가 모델과 한국의 길

나는 북유럽 모델을 긍정적으로 평가하지 않는다.

스웨덴, 덴마크, 노르웨이. 이들은 높은 복지로 유명하다. 보편적 복지. 높은 세금. 관대한 혜택. 많은 사람들이 이것을 이상적이라고 말한다. 하지만 나는 동의하지 않는다.

북유럽 모델은 기업 유출을 초래할 수 있다. 높은 세금은 기업에게 부담이다. 기업은 떠날 수 있다. 세금이 낮은 나라로 갈 수 있다. 그러면 일자리가 줄어든다. 경제가 위축된다. 복지를 유지하기 위해 세금을 더 올린다. 악순환이다. 지속 가능성에 의문이 생긴다.

미국식 모델이 더 건전하다고 본다. 낮은 세금. 제한적 복지. 개인의 책임 강조. 이것이 경제를 살린다. 기업이 몰려든다. 일자리가 생긴다. 경제가 성장한다. 복지는 최소한만. 나머지는 스스로. 이것이 지속 가능하다.

한국은 미국식 모델을 참고해야 한다. 선별적 복지. 낮은 세금. 경제 성장 우선. 복지를 늘리되, 신중하게. 재정 건전성을 지키면서. 기업이 떠나지 않게. 이것이 한국이 가야 할 길이다.

물론 미국식 모델이 완벽하지는 않다. 미국의 의료 체계는 문제가 많다. 반면 한국의 건강보험은 세계 최고 수준의 제도다. 현상 유지를 목표로 해야 한다. 미국을 참고하되, 한국의 장점은 지키는 것. 그것이 현명한 선택이다.

복지와 자유, 그리고 재정

내 돈을 내가 쓰지 못하고 국가에 낸다. 자유의 제한이다. 하지만 필요한 자유의 제한이다. 왜? 과도한 불균형을 해소할 수 있는 수단이기 때문이다. 6장에서 말했다. 자유는 절대적이지 않다고. 필요한 제한은 받아들여야 한다고.

복지를 위해 어느 정도까지 자유를 제한할 수 있는가? 과도한 불균형을 해소할 수 있는 선까지. 최소한의 안전망을 보장할 수 있는 선까지. 그 이상은 안 된다. 복지를 위해 자유를 과도하게 제한하면, 그것은 또 다른 문제를 만든다. 균형이 필요하다.

'증세 없는 복지'는 모순되는 말이다.

정치인들이 자주 하는 말이다. '복지는 늘리겠습니다. 하지만 세금은 올리지 않겠습니다.' 말이 되는가? 안 된다. 복지는 돈이 든다. 그 돈은 어디서 나오는가? 세금이다. 복지를 늘리면 세금도 늘어야 한다. 당연한 이치다.

그렇다면 어떻게 해야 하는가? 복지 재원을 마련하기 위해서는 불필요하게 유출되는 복지 지원금을 막고 정말 필요한 곳에 집중해야 한다. 보편적 복지를 줄이고, 선별적 복지에 집중하는 것. 필요 없는 사람에게 주던 돈을 정말 필요한 사람에게 주는 것. 이것이 답이다. 증세 없이도 복지를 개선할 수 있다. 효율화를 통해서. 재정 건전성을 지켜야 한다.

복지를 늘리고 싶다. 하지만 빚을 내서 하면 안 된다. 미래 세대에게 빚을 떠넘기면 안 된다. 지금 우리가 복지를 누리기 위해 우리 아이들이 빚을 갚게 하는 것. 그것은 불공정하다. 지속 가능한 복지여야 한다. 우리 세대가 감당할 수 있는 범위 내에서.

복지와 책임

복지를 받는 것은 권리다. 하지만 이 권리에는 책임이 따라야 한다는 목소리가 있다. 복지 수급자에게도 일할 의무를 물어야 한다는 것이다. 일할 능력이 있는 사람이라면 일해야 한다. 나는 이것이 공정하다고 생각한다.

그렇다면 '일할 능력이 있다'는 것을 어떻게 판단할 것인가? 의사, 사회복지사, 직업상담사 같은 전문가들의 종합적인 판단이 필요하다. 객관적이고 공정한 기준으로 말이다. 일할 수 있는데도 일하지 않는 사람에게 복지를 줄 수는 없다. 정말 일할 수 없는 사람에게만 주어져야 한다.

그래서 나는 워크페어(Workfare) 모델에 찬성한다. 복지를 받으려면 공공근로든 자활 프로그램이든 무언가 일을 해야 한다는 것이다. 이것이 공정하다고 본다. 그냥 주는 게 아니라 일한 대가로 주는 것이니, 복지 수급자의 존엄도 지키고 사회적 공정성도 지킬 수 있다.

복지 수급 기간 제한에도 찬성한다. 한번 복지를 받으면 계속 받는 것, 이건 문제다. 복지는 일시적이어야 한다. 다시 일어설 때까지, 자립할 수 있을 때까지만 제공되어야 한다. 영원히 받는 복지는 복지가 아니라 의존이다. 일정 기간이 지나면 재평가해야 한다. 정말 여전히 필요한지 확인해야 한다.

복지 의존, 이것은 심각한 문제다. 복지에 의존하면 일할 의지를 잃는다. 노력하지 않게 되고, 스스로 일어서려 하지 않는다. 복지는 일어서게 돕는 것이지 계속 누워 있게 하는 것이 아니다. 손을 잡아주는 것이지 업어주는 것이 아니다. 일으켜 세우는 것이지 계속 앉혀 두는 것이 아니다.

세대별 복지 - 청년에게 투자하라

청년 복지는 필요하다. 아니, 필수다. 청년은 국가의 미래를 이끌어갈 자원이다. 청년에게 투자하는 것은 미래에 투자하는 것이다. 청년이 무너지면 나라가 무너진다. 청년을 살려야 나라가 산다.

특히 청년 주거 지원을 긍정적으로 본다. 기본 거주를 보장해야 청년들이 다른 생산적인 일에 몰두할 수 있다. 월세 걱정, 전세 걱정에 시달리면서 어떻게 미래를 준비하겠는가? 어떻게 창업을 하고, 공부를 하고, 경력을 쌓겠는가? 주거 안정이 먼저다. 그래야 다른 것을 할 수 있다.

반면 노인 복지는 신중해야 한다. 기초연금에 대해서는 부분적으로만 찬성한다. 대체로는 반대하는 편이다. 노후 준비는 국가가 강제하는 것이 아니라 국민이 개별적으로 하는 것이 바람직하다. 젊었을 때 저축하고, 연금에 가입하고, 노후를 대비하는 것. 이것은 개인의 책임이다.

물론 준비하지 못한 가난한 노인은 도와야 한다. 하지만 모든 노인에게 줄 필요는 없다. 부유한 노인에게까지 기초연금을 주는 것은 낭비다. 선별적으로, 정말 필요한 노인에게만 주어야 한다.

세대 간 균형이 필요하다. 노인 복지만 늘리면 청년이 손해를 본다. 청년이 낸 세금으로 노인을 부양하는데, 정작 청년 복지는 부족하다. 이것은 불공정하다. 청년에게도 투자해야 한다. 미래 세대에게도 기회를 주어야 한다. 노인만 보지 말고 청년도 봐야 한다.

분야별 복지 평가

의료 복지부터 보자. 대한민국의 건강보험은 최고의 제도다. 전 국민 건강보험, 저렴한 비용, 높은 접근성. 세계 어디에 내놔도 자랑스러운 제도다. 이것은 현상 유지를 목표로 해야 한다.

문재인 정부의 건강보험 보장성 강화 정책, 이른바 '문케어'를 보자. 비급여 항목을 줄이고 국가가 더 많이 부담하겠다는 취지는 좋았다. 하지만 재정 부담이 문제다. 지속 가능성에 의문이 있다. 보험료를 올리거나 세금을 더 내야 하기 때문이다. 무리하게 확대하지 말고 지금 수준을 잘 지키는 것이 현명하다.

주거 복지는 선별적으로 해야 한다. 공공 임대 주택은 필요하다. 하지만 모두에게 줄 수는 없다. 저소득층, 청년, 신혼부부 같은 정말 필요한 사람에게 우선 제공해야 한다. 주거 급여도 마찬가지다. 선별적으로 제공해야 한다.

특히 청년 주거 지원은 확대해야 한다. 전세 자금 대출, 월세 지원, 공공 임대 등을 통해 청년의 주거를 안정시켜야 한다. 청년이 독립하고 자립할 수 있어야 결혼도 하고 아이도 낳는다. 청년 주거 안정은 미래를 위한 투자다.

고용 복지도 중요하다. 실업 급여는 더 까다롭게 개편해야 한다. 지금은 너무 쉽게 받는다. 구직 노력도 별로 하지 않고 받는다. 이것은 문제다. 구직 노력 의무화에 매우 찬성한다. 실업 급여를 받으려면 적극적으로 구직해야 한다. 면접을 보고, 이력서를 제출하고, 교육을 받아야 한다. 정말 일자리를 찾고 있다는 것을 증명해야 한다.

고용보험과 복지 사각지대

고용보험 사각지대는 법률 개정을 통해 해소해야 한다. 프리랜서, 특수 고용 노동자, 플랫폼 노동자. 이들은 고용보험이 없어 실업해도 보호받지 못한다. 이것은 불공정하다. 일하는 방식이 다를 뿐인데 보호받지 못하는 것이다.

법을 고쳐야 한다. 모든 노동자를 고용보험에 포함시켜야 한다. 형태가 다르더라도 일하는 사람이라면 보호받아야 한다. 기술이 발전하고 일하는 방식이 변하는데 법도 따라가야 한다. 낡은 법을 고치지 않으면 사각지대는 계속 생긴다.

하지만 보호를 확대하되 책임도 함께 물어야 한다. 고용보험에 가입하면 보험료를 내야 하고, 혜택을 받으려면 의무도 져야 한다. 그리고 실업 급여를 받을 때는 구직 노력을 해야 한다. 권리와 책임의 균형. 이것이 중요하다.

근로 장려 세제(EITC)는 좋은 제도다. 일해도 가난한 저소득층에게 세금을 돌려주어 일할 의욕을 높인다. 복지보다 일을 선택하게 만드는 것이다. 이것이 진짜 복지다. 일하게 만드는 복지. 의존하게 만드는 복지가 아니다.

자활 프로그램도 중요하다. 직업 훈련, 창업 지원, 공공근로 등을 통해 복지 수급자가 자립할 수 있도록 돕는 것이다. 실효성을 높여야 한다. 형식적으로 하지 말고 실제로 자립할 수 있게 도와야 한다. 복지에서 노동으로, 의존에서 자립으로. 이것이 목표다.

복지 포퓰리즘의 위험

나는 복지 포퓰리즘을 경계한다. '국민이 원한다'는 말 한마디로 복지를 무분별하게 확대하는 것, 그것이 두렵다. 당장은 좋아 보인다. 표도 얻을 수 있다. 하지만 장기적으로는 재앙이 될 수 있다는 것을, 우리는 알아야 한다.

무분별한 복지 확대는 재정 건전성을 무너뜨린다. 복지는 세금으로 충당된다. 복지를 늘리면 세금도 늘어야 한다. 단순한 산수다. 그런데 정치인들은 복지는 늘리자고 하면서 세금은 올리지 않겠다고 말한다. 이것은 모순이다. 결국 국가 부채가 쌓이고, 그 빚은 고스란히 미래 세대의 몫이 된다.

복지를 유지하려면 결국 세금을 대폭 올려야 한다. 그러면 어떻게 되는가. 기업이 떠나고, 투자가 줄며, 일자리가 사라진다. 복지를 위해 경제를 망치는 것. 그것이 복지 포퓰리즘이 가져올 결과다.

기본소득이 대표적인 예다. 모두에게 돈을 주려면 천문학적인 재원이 필요하다. 세금을 엄청나게 올리거나 빚을 내야 하는데, 둘 다 재앙이다. 나는 생각한다. 기본소득은 복지가 아니라 포퓰리즘이라고.

복지는 신중해야 한다. 필요한 곳에, 필요한 만큼만. 재정이 감당할 수 있는 범위 내에서, 지속 가능하게. 미래 세대에게 빚을 떠넘기지 않으면서 시행해야 한다. 이것이 책임 있는 복지다.

한국의 복지 수준

많은 사람들이 한국 복지가 부족하다고 말한다. 하지만 나는 동의하지 않는다. 이미 우리에게는 기초생활보장이 있고, 건강보험이 있으며, 국민연금과 고용보험, 각종 지원금이 있다. 적지 않은 복지 제도가 이미 작동하고 있다.

더 늘려야 하는가? 나는 아니라고 본다. 비효율적인 복지를 줄이고, 정말 필요한 곳에 집중해야 한다. 양이 아니라 질이다. 많이 주는 것이 아니라 제대로 주는 것이다. 보편적 복지를 줄이고 선별적 복지를 강화하는 것, 이것이 개편의 방향이어야 한다.

기초생활보장제도는 필요하다. 하지만 개편도 필요하다. 노동 능력이 있는 사람까지 수급하는 경우가 있다. 이것은 개선되어야 한다. 노동 능력이 있는 사람은 일해야 한다. 선별을 더 정교하게, 심사를 더 엄격하게 해야 한다.

한국의 건강보험은 세계 최고 수준이다. 저렴한 비용으로 질 높은 의료를 받을 수 있다. 이것을 더 확대하려 하지 말고, 현재 수준을 유지하면서 재정 건전성을 지켜야 한다. 그것이 현명한 선택이다.

복지를 평가할 때 굳이 다른 나라와 비교할 필요는 없다. 북유럽과 비교하면 한국이 적어 보일 수 있다. 하지만 북유럽 모델을 따를 필요는 없다. 한국은 한국만의 길을 가야 한다. 선별적 복지, 낮은 세금, 경제 성장 우선. 그것이 우리가 선택한 길이다.

복지가 나에게 가르친 책임

복지는 권리다. 하지만 무분별한 권리는 아니다. 최소한은 보장하되, 최대한은 스스로 챙기게 해야 한다. 복지를 받을 권리가 있다면, 일할 책임도 있다. 국가가 도울 의무가 있다면, 국민도 노력할 의무가 있다. 권리와 책임의 균형. 이것이 복지의 핵심이다.

복지는 필요하다. 하지만 신중해야 한다. 보장하되 의존하게 해서는 안 된다. 복지는 손을 잡아주는 것이지 업어주는 것이 아니다. 일으켜 세우는 것이지 계속 앉혀두는 것이 아니다. 일시적 도움이지 영구적 보호가 아니다.

선별적으로, 일시적으로. 일할 능력이 있는 사람은 일하게 해야 한다. 이것이 복지에 대한 나의 생각이고, 보수로서 내가 지키는 아홉 번째 가치다.

나는 복지 포퓰리즘에 반대한다. 무분별한 확대에 반대한다. 기본소득에 반대한다. 대신 선별적 복지와 맞춤형 복지를 지지한다.

청년에게 투자하라. 미래 세대를 보호하라. 건강보험을 지켜라. 고용보험 사각지대를 해소하라. 하지만 재정 건전성을 잊지 말라. 미래 세대에게 빚을 떠넘기지 말라. 지속 가능한 복지를 만들어라. 이것이 우리가 해야 할 일이다.

복지는 복잡하다. 쉬운 답은 없다. 하지만 방향은 명확하다. 정말 필요한 사람에게, 일시적으로, 자립할 수 있게, 책임과 함께 제공하는 것. 이렇게 조금씩, 신중하게 나아가는 것. 그것이 우리가 할 일이다.

2부 10장: 부동산 — 집은 인권인가, 자산인가

부동산이란 무엇인가

부동산은 의식주 중에서 '주(住)'에 해당하는 필수 요소다. 그리고 현대 사회에서는 투자 수단 중 하나이기도 하다.

집은 인권과도 연결되어 있다. 동시에 집은 자산이다. 둘 다 맞다. 집은 살기 위한 것이면서, 동시에 재산을 불리는 수단이다. 이 둘을 분리할 수 없다는 것을 인정해야 한다. 집은 양쪽 모두의 얼굴을 가지고 있다.

집을 단순히 인권으로만 보면 어떻게 되는가? 투자의 측면을 무시하게 된다. 재산권을 침해하게 된다. 반대로 집을 단순히 자산으로만 보면? 주거의 측면을 무시하게 된다. 주거권을 침해하게 된다. 결국 양쪽을 모두 봐야 한다.

주거권을 인정한다. 집에서 살 권리, 인간답게 살기 위한 기본적 권리. 재산권도 인정한다. 집을 소유하고 처분할 권리, 내 재산을 내 마음대로 할 권리. 둘 다 중요하다. 어느 한쪽만 강조할 수 없다.

주거권만 강조하면 재산권이 침해된다. 집주인의 권리가 무시된다. 재산권만 강조하면 주거권이 위협받는다. 집 없는 사람들이 소외된다. 그래서 균형이 필요하다. 주거권과 재산권, 임차인의 보호와 임대인의 보호, 양쪽을 모두 지켜야 한다.

이것이 부동산 정책의 기본이다. 어느 한쪽만 보면 실패한다. 양쪽을 모두 보고 균형을 맞추는 것, 그것이 성공하는 부동산 정책이다.

투기와 투자

부동산 투기는 자신의 자산 상황에 맞지 않는 무분별한 투자를 말한다. 그렇다면 투기와 투자는 무엇이 다른가? 핵심은 책임 능력의 차이다. 책임질 수 있다면 투자다. 책임질 생각 없이 하는 것은 투기다.

빚을 내서 집을 산다고 해보자. 책임질 수 있는가? 대출을 갚을 수 있는가? 그렇다면 투자다. 하지만 감당할 수 없는 빚을 내고, 집값이 오르길 바라며 도박을 한다면, 그것은 투기다. 차이는 명확하다. 스스로 감당할 수 있는지 없는지.

투자는 인정해야 한다. 부동산은 투자 수단이다. 집을 사서 재산을 불리는 것, 문제없다. 정당하다. 자본주의 사회에서 당연한 일이다. 법을 어기지 않는다면 투자는 자유다.

그렇다고 투기를 크게 규제할 필요는 없다고 본다. 시장은 자정 작용을 한다. 투기 세력은 스스로 무너진다. 집값이 떨어지면 망한다. 그것이 시장의 원리다. 정부가 나서서 투기를 막을 필요는 없다. 시장이 알아서 잠재운다.

물론 최소한의 안전장치는 필요하다. DSR(총부채원리금상환비율) 규제는 어느 정도 필요하다. 무리한 대출을 막기 위해서, 감당할 수 없는 빚을 지는 것을 막기 위해서. 하지만 과도한 규제는 안 된다. 시장의 자율성을 존중해야 한다. LTV(주택담보대출비율), DTI(총부채상환비율) 같은 대출 규제도 최대한 금융권의 의견을 반영해서 민관이 함께 정해야 한다. 관에서 일방적으로 정할 문제가 아니다.

다주택자 규제와 세금 정책

다주택자 규제에는 대체로 반대한다. 내 재산을 늘리기 위해 타당한 계산 과정을 거쳐서 하는 다주택 투자를 왜 규제하는가? 집을 여러 채 산다. 대출도 스스로 갚고, 세금도 낸다. 법을 어긴 것이 없다. 그런데 규제한다? 재산권 침해다. 정당한 투자를 막는 것이다.

다주택자가 집값을 올린다? 그것은 오해다. 집값은 수요와 공급의 문제다. 집이 부족해서 오르는 것이다. 다주택자를 규제한다고 집값이 내려가지 않는다. 공급이 부족하면 집값은 오른다. 다주택자를 규제해도 공급이 늘지 않으면 소용없다.

다만 다주택자 취득세 중과는 어느 정도 찬성한다. 다주택자들이 부동산을 취득할 때 조금 허들을 만들어서 시장에 물량이 풀리게 하는 것도 방법이라고 생각한다. 취득할 때 세금을 좀 더 내게 하는 것. 이것으로 다주택 투자를 조금 늦추고, 그 사이 시장에 물량이 나오게 하는 것. 이 정도는 합리적이다.

생애 최초 구매자 감면은 매우 찬성한다. 보통은 실제 거주를 위해서거나 상급지로 가기 위한 투자의 첫 스타트이기에 이러한 도움은 긍정적이다. 첫 집을 사는 사람들, 대부분 젊은 사람들이다. 이들을 도와야 한다. 세금 감면으로 부담을 줄여주는 것. 좋은 정책이다.

청년과 신혼부부 대출 완화도 찬성한다. 이들에게는 기회를 줘야 한다. 집을 살 수 있는 기회를. 대출을 좀 더 쉽게 받게 해 주는 것. 청년과 신혼부부의 주거 안정을 위해 필요하다. 미래 세대를 위한 투자다.

정부의 시장 개입은 최소한으로

정부의 시장 개입은 최소한으로 해야 한다. 이는 부동산 시장뿐만이 아니다. 모든 시장이 그렇다. 시장은 스스로 움직인다. 수요와 공급으로. 가격이 오르고 내리며 균형을 찾는다. 정부가 개입하면 시장이 교란된다. 예측할 수 없게 된다. 오히려 문제가 생긴다.

시장을 가장 잘 아는 것은 현장이다. 금융권이고, 부동산 업계다. 그들의 의견을 들어야 한다. 정부가 일방적으로 정책을 만들면 현실과 동떨어진다. 효과가 없거나 역효과를 낳는다. 민관이 협력해야 한다. 현장의 목소리를 들어야 한다.

최소한의 규제, 그것만으로 충분하다. 과도한 투기를 막는 정도, 시장의 안정성을 지키는 정도. 그 이상은 필요 없다. 시장이 알아서 움직이게 두는 것, 그것이 가장 효율적이다.

문재인 정부를 보자. 과도한 시장 개입의 결과는 무엇이었나? 오히려 불안해진 시장이었다. 수요가 급격히 늘어났다. 집값이 상승했다. 그리고 과도한 정책 발표. 5년 동안 20번이 넘는 대책을 발표했다. 시장이 교란되었다. 정책이 너무 많으면 시장은 혼란스럽다. 예측할 수 없다. 불안하다. 그래서 사람들은 더 집을 사려 한다.

역효과였다. 집값을 잡으려다 오히려 올렸다. 이것이 과도한 정부 개입의 결과다. 시장 원리를 무시하면 이렇게 된다. 시장을 존중해야 한다. 개입을 최소화해야 한다.

공급이 답이다

집값을 잡고 싶은가? 그렇다면 공급을 늘려야 한다. 재개발과 재건축을 통해 집을 더 많이 짓는 것. 그것이 집값을 안정시키는 가장 확실한 방법이다.

경제의 원리는 생각보다 단순하다. 특정 재화의 가격을 낮추려면? 수요를 줄이거나 공급을 늘리면 된다. 둘 중 하나다.

부동산 수요를 줄이기는 어렵다. 사람은 살 곳이 필요하니까. 그렇다면 남은 선택지는 하나다. 공급을 늘리는 것. 집을 많이 지으면 가격이 내린다. 단순하다. 효과적이다. 복잡한 규제보다 이 단순한 원리가 더 강력하다.

규제를 강화하면 어떻게 되는가? 역설적이게도 불안한 사람들은 더 서둘러 집을 사려 한다. 지금 사지 않으면 영영 못 살 것 같은 조급함. 수요가 폭증한다. 그러면 집값은 더 오른다. 규제는 의도와 달리 역효과를 낳는다. 결국 공급만이 답이다.

그렇다면 어디에 공급을 늘려야 하는가? 수도권이다. 수도권 집중은 막을 수 없다. 아니, 막아서는 안 된다. 사람들은 서울과 경기를 원한다. 일자리가 있고, 인프라가 좋으며, 교육 여건이 우수하다. 지방으로 사람들을 보내려 해도 가지 않는다. 이것이 현실이다. 현실을 인정해야 한다.

대신 위성도시를 계속해서 만들어야 한다. 위례, 검단, 김포처럼. 서울은 아니지만 가까운 곳. 수도권을 원하는 이들에게 현실적인 대안을 주는 것. 서울만 고집하지 않는 사람들에게 선택지를 넓혀 주는 것. 이것이 가장 현실적인 공급 확대 방안이다.

민간 공급이 중요하다

공급을 늘린다. 그렇다면 누가 해야 하는가? 민간의 역할이 중요하다. 정부의 공공 공급도 필요하지만, 민간 공급이 더 중요하다. 왜? 사람들이 원하기 때문이다. LH 마크가 달린 아파트보다는 래미안, 푸르지오 같은 브랜드 아파트를 사람들은 더 선호한다.

이것은 현실이다. 부정할 수 없다. 민간 건설사의 브랜드 아파트는 품질이 좋고, 관리가 잘되며, 자산 가치가 높다. 사람들은 이것을 원한다. 공공 아파트는 필요한 사람에게 필요하다. 하지만 대다수는 민간 아파트를 원한다.

그렇다면 민간 공급을 늘려야 한다. 민간 건설사가 집을 많이 지을 수 있도록 환경을 만들어야 한다. 규제를 풀어 주고, 인센티브를 주며, 시장을 활성화시켜야 한다. 공공만 믿어서는 안 된다. 민간의 힘을 적극적으로 활용해야 한다.

생애 최초 특별 공급에 찬성한다. 신혼부부, 다자녀 특별 공급에도 찬성한다. 정말 필요한 사람들에게 기회를 주는 것. 좋은 제도다. 하지만 이것만으로는 부족하다. 특별 공급은 일부를 돕는 것이고, 근본적 해결은 전체 공급 자체를 늘리는 것이다.

재개발, 재건축을 활성화해야 한다. 낡은 집을 허물고 새 집을 짓는다. 공급이 늘어난다. 지역이 발전한다. 좋은 일이다. 규제를 풀어야 한다. 민간이 움직일 수 있게. 투자할 수 있게. 그래야 공급이 늘어난다.

임대차법과 전월세 시장

임대차법은 현행도 충분하다. 일부 국회의원들이 3+3+3 계약 갱신 청구권을 발의했다. 이는 임대 시장을 죽이는 일이다. 자신의 재산을 9 년간 마음대로 하지 못한다면, 어떤 집주인이 자신의 집을 전세로 내놓겠는가? 전세 시장이 사라진다.

집주인들은 전세를 놓지 않는다. 월세로만 내놓거나 아예 내놓지 않는다. 그러면 전세를 구하는 사람들이 피해를 본다. 3+3+3 은 임차인을 보호하려다 오히려 해치는 정책이다. 전세 시장을 망치고, 결국 임차인에게도 나쁘다.

임차인의 보호도 필요하다. 하지만 임대인의 보호도 필요하다. 한쪽만 보호하면 시장이 무너진다. 균형이 필요하다. 지금의 2+2 가 적절하다. 4 년이면 충분하다. 임차인도 보호하고, 임대인도 보호하는 균형점이다.

전월세 상한제도 보자. 5% 상한제. 필요하기는 하나 상한 폭은 늘려야 한다. 5%는 너무 낮다. 시장 임대료와 규제 임대료 사이에 괴리가 생긴다. 전세를 구하기 어려워진다. 집주인이 전세를 내놓지 않으니까. 상한은 필요하지만, 폭을 좀 더 현실적으로 해야 한다. 10% 정도가 적절하다고 본다.

그리고 임대차 보호법 같은 내용은 기본 교육 과정에 포함해야 한다. 학생들에게 가르쳐야 한다. 대항력의 개념. 임차인의 권리. 등기부등본 보는 법. 임차인들이 일부 사기꾼들에게 당하는 일을 줄여야 한다. 교육이 답이다. 법을 몰라서 당하는 일을 막아야 한다.

갭 투자와 전세 사기

전세를 끼고 집을 사는 갭 투자에 찬성한다. 투자의 수단으로 부동산을 인정해야 한다. 갭 투자는 정당한 투자 방식이다. 전세 보증금을 활용해서 집을 산다. 문제없다. 법을 어기지 않는다. 본인이 책임질 수 있다면 괜찮다.

하지만 전세 사기는 다르다. 갭 투자와 전세 사기를 구분해야 한다. 갭 투자는 정상적인 투자다. 전세 사기는 범죄다. 임차인을 속이고 보증금을 떼먹는 것. 이것은 엄중히 처벌받아야 한다. 하지만 정상적인 갭 투자까지 규제하면 안 된다.

임차인은 부동산 경매 진행 시 본인의 보증금을 배당받지 못할 수도 있다는 점을 알고 계약하는 것이다. 이것은 임차인의 책임이다. 계약 전에 확인해야 한다. 등기부등본을 떼어 보고, 선순위 채권이 얼마인지, 배당받을 수 있는지 계산해야 한다.

몰랐다면 이는 우리 교육의 문제다. 부동산 교육을 해야 한다. 학교에서 가르쳐야 한다. 등기부등본 보는 법. 배당 순위 계산하는 법. 전세 계약 시 주의사항. 이런 것들을 의무 교육으로 해야 한다. 그래야 전세 사기를 줄일 수 있다.

전세 보증금 반환 보증을 강화하는 것도 방법이다. HUG(주택도시보증공사)의 보증을 확대하는 것. 임차인이 안전하게 전세를 살 수 있게. 하지만 근본은 교육이다. 임차인 스스로 판단할 수 있는 능력을 길러 주는 것. 그것이 가장 중요하다.

청년 주거 문제

청년 주거 문제는 기성세대의 문제이기도 하다. 잘못된 정책이 여러 번 발의되면서 집값은 급격히 상승했다. 청년들은 자기 집 마련에 대한 꿈을 접기도 한다. 이것은 심각한 문제다. 아무리 노력해도 집을 살 수 없다. 평생 월세로 살아야 한다. 희망이 없다.

누구의 책임인가? 정부다. 잘못된 정책을 만든 정치인들이다. 문재인 정부를 보자. 20 번이 넘는 부동산 대책을 내놓았다. 규제만 강화했다. 결과는? 집값 폭등. 청년들은 더욱 집을 살 수 없게 되었다. 이것은 명백한 정책 실패다. 청년을 포기하게 만든 것이다.

어떻게 해결해야 하는가? 정부와 지방자치단체가 공급을 늘림으로써 다시 가격을 낮춰야 한다. 규제가 아니라 공급. 그것만이 청년 주거 문제의 해법이다. 청년 전용 주택을 늘리고, 신혼부부 주택을 늘리며, 생애 최초 구매를 지원하는 것. 이런 것들이 필요하다.

청년 대출 완화도 중요하다. 청년들이 집을 살 수 있게 대출을 좀 더 쉽게 받게 해 주는 것. DSR 을 완화하고, LTV 를 높여 주며, 이자를 지원하는 것. 청년에게 기회를 주는 것. 이것이 미래를 위한 투자다.

앞서 말했다. 청년에게 투자하라고. 청년은 국가의 미래다. 청년이 집을 살 수 없다면? 결혼을 포기하고, 출산을 포기한다. 나라가 망한다. 청년 주거 문제는 국가적 문제다. 반드시 해결해야 한다. 공급 확대로. 대출 지원으로. 세금 감면으로.

보수의 부동산 정책

보수의 부동산 정책은 시장의 기본 원리를 이해하고 적용하는 데서 출발한다. 특정 재화의 가격을 낮추는 방법은 사실 단순하다. 수요를 줄이거나, 공급을 늘리거나. 둘 중 하나다.

부동산에 대한 수요를 줄이기는 어렵다. 사람들은 집이 필요하다. 그렇다면 답은 하나다. 다양한 도시 정비를 통해 공급을 늘리는 것. 그렇게 가격을 낮추는 것이다.

재개발, 재건축, 신도시 건설. 집을 많이 짓는다. 공급이 늘어나면 시장 원리에 따라 가격이 안정된다. 정부 개입은 최소화하고, 공급 확대로 해결한다. 그것이 보수의 부동산 정책이다. 복잡한 규제가 아니라 단순한 원리. 경제학의 가장 기본인 수요와 공급의 법칙이다.

민간의 역할을 중요하게 본다. 정부가 모든 것을 할 수 없다. 민간 건설사가 집을 짓도록 해야 한다. 규제를 완화하고 인센티브를 제공하며, 시장이 스스로 움직이게 해야 한다. 정부는 최소한만 개입하고 안전장치만 마련한다. 나머지는 시장에 맡긴다.

재산권을 존중한다. 다주택자도 투자자다. 법을 어기지 않는다면 보호받아야 한다. 과도한 규제는 재산권 침해다. 최소한의 규제만 두고 시장이 스스로 조절하게 하는 것. 이것이 보수의 철학이다.

동시에 청년을 돕는다. 생애 최초 구매 지원, 청년 대출 완화, 신혼부부 특별공급. 이런 방식으로 청년에게 기회를 준다. 시장 원리를 존중하되 미래 세대는 돕는 것. 균형 잡힌 정책이다.

부동산의 미래

부동산은 장기적으로 계속 오를 것이다. 인플레이션으로 화폐 가치가 떨어지면 자산 가격은 오른다. 부동산도 마찬가지다. 이것은 자연스러운 현상이다. 막을 수 없다.

대신 상승 속도를 낮춰야 한다. 급등하지 않고 안정적으로 오르게 하는 것. 그것이 목표다. 집값을 떨어뜨리는 것이 아니라 안정시키는 것. 소득 상승 속도와 비슷하게 조절하는 것이다.

그래야 청년들이 희망을 가질 수 있다. 노력하면 집을 살 수 있다고 믿을 수 있다.

부동산은 장기적으로 보면 오늘이 가장 저렴하다. 내일은 더 비싸고, 1 년 후는 더 비싸다. 그것이 현실이다. 하지만 급등하지 않게 만들 수는 있다. 공급을 늘리고 시장을 안정시켜 예측 가능하게 만들면, 사람들이 계획을 세울 수 있다.

부동산 정책의 목표는 무엇인가? 집값을 0 으로 만드는 것이 아니다. 안정시키는 것이다. 급등락을 막고 예측 가능하게 만드는 것이다. 주거권과 재산권을 모두 지키는 것이다. 청년도 집을 살 수 있고, 투자자도 보호받는 것이다.

이것이 균형 잡힌 부동산 정책이다. 한쪽만 보지 않고 양쪽을 모두 본다. 규제만 하지도 않고 방치하지도 않는다. 시장 원리를 존중하되 필요한 개입은 한다. 공급을 늘리고 청년을 돕는다.

이것이 답이다.

부동산은 나에게 시장 원리를 가르쳤다

수요와 공급, 가격과 균형, 정부 개입과 시장 교란. 시장은 스스로 움직인다. 정부가 과도하게 개입하면 오히려 문제가 생긴다. 시장 원리를 존중하고 경제학의 기본을 지켜야 한다.

주거권과 재산권. 둘 다 중요하다. 어느 한쪽만 강조할 수 없다. 임차인도 보호하고 임대인도 보호한다. 청년도 돕고 투자자도 존중한다. 균형이 답이다. 양쪽을 모두 보는 것. 그것이 성공하는 정책이다.

공급이 답이다. 규제가 아니라 공급이다. 시장 원리를 존중하고 민간의 역할을 인정하는 것이다. 재개발, 재건축, 신도시 건설로 집을 많이 짓는 것. 그것이 집값을 안정시키는 가장 효과적인 방법이다.

이것이 부동산에 대한 나의 생각이고, 보수로서 내가 지키는 열 번째 가치다.

집은 인권이면서 자산이다. 살기 위한 것이면서 투자 수단이다. 양쪽을 모두 인정하고 시장 원리로 해결하는 것. 그것이 부동산이다.

복잡한 규제가 아니라 단순한 원리. 정부 개입이 아니라 시장 존중. 한쪽만 보는 것이 아니라 균형. 이것이 부동산 정책의 핵심이다.

부동산은 나에게 시장 원리를 가르쳤다. 경제의 기본을 잊지 말아야 한다는 것을, 시장을 믿어야 한다는 것을.

그것이 진짜 해법이다.

2부 11장: 청년 정치 ─ 우리 세대의 목소리

청년 정치란 무엇인가

청년 정치는 청년들이 주도적으로 정치에 참여하는 모든 활동을 말한다. 투표, 정당 활동, 정책 제안, 목소리 내기. 이 모든 것이 청년 정치다.

청년 세대는 대한민국을 이끌어 나갈 세대다. 그들의 결정이 곧 대한민국의 미래를 결정한다. 그래서 청년의 목소리가 중요하다. 미래를 살아갈 사람들, 미래를 책임질 사람들이기 때문이다.

나는 청년을 10대 후반부터 30대 후반까지로 정의한다. 넓다고 생각할 수 있다. 하지만 이 범위가 현실적이다. 왜 30대 후반까지인가? IMF 이후를 살아온 세대들이기 때문이다.

1997년 IMF 외환위기. 이 사건이 한국 사회를 완전히 바꿔놓았다. 평생 고용은 사라졌고, 비정규직이 늘었으며, 경쟁은 심화되었다. IMF 이후에 태어나거나 어린 시절을 보낸 세대. 이들이 지금의 청년이다.

물론 세대 내에서도 차이가 있다. 10대 후반과 30대 후반은 다르다. 20대 초반과 20대 후반도 다르다. 하지만 분명한 공통점이 있다. IMF 이후를 살았다는 것. 느린 성장을 경험했다는 것. 노력해도 성공이 보장되지 않는 시대를 살아간다는 것. 이것이 청년 세대의 공통된 경험이다.

청년 세대는 여섯 개 정권을 경험했다. 노무현, 이명박, 박근혜, 문재인, 윤석열 정부, 그리고 현재의 이재명 정부. 보수와 진보를 오가며 지켜봤다. 탄핵도 목격했다. 박근혜 탄핵. 정치적 혼란을 직접 경험했다.

정치 피로감을 느끼는 건 당연하다. 끊임없는 갈등, 대립, 탄핵. 진영 논리, 색깔론. 지겹다. 피곤하다.

하지만 포기할 수 없는 문제다. 정치는 우리 삶과 직결되어 있다. 외면할 수 없다. 청년 정치가 중요한 이유다. 우리의 목소리를 내야 한다. 우리의 미래를 우리가 결정해야 한다. 포기하면 기성세대가 결정한다. 우리를 위한 결정이 아니라 그들을 위한 결정을. 그래서 청년 정치는 포기할 수 없다.

청년 세대가 겪는 구조적 문제

청년들의 가장 큰 고민은 무엇인가? 자산, 꿈, 집, 결혼. 이런 것들이다.

취업은 어렵다. 정규직은 더 어렵다. 집은 살 수 없다. 전세도 구하기 힘들다. 결혼은 꿈도 못 꾼다. 아이는 더더욱. 'N 포 세대'라는 말. 이것은 지금 청년 세대를 설명하는 가장 정확한 표현이다.

연애, 결혼, 출산, 내 집 마련, 인간관계, 꿈, 희망. 포기한다. N 개를 포기한다. 슬픈 현실이다. 하지만 현실이다.

왜 이렇게 되었는가? 구조적 문제 때문이다. 개인의 노력만으로는 해결할 수 없는 문제들. 느린 경제 성장. 치솟는 집값. 낮은 임금. 높은 실업률. 이것들이 청년을 짓누르고 있다.

청년 실업 문제를 보자. 취업이 어렵다. 왜? 일자리가 부족하기 때문이다. 특히 좋은 일자리가. 대기업, 공무원, 공공기관. 모두가 원하는 일자리. 하지만 자리는 적다. 경쟁은 치열하다. 수백 대 일의 경쟁률. 스펙을 쌓고, 자격증을 따며, 어학 점수를 올린다. 그래도 안 된다.

어떻게 해결해야 하는가? 민간 일자리 창출이 중요하다. 기업에 지속적으로 투자하여 민간 일자리를 계속해서 만들어야 한다.

공공 일자리는 한계가 있다. 결국 국가 재정, 즉 세금으로 만든 일자리다. 지속 가능하지 않다. 하지만 기업은 다르다. 기업의 성장에 따른 재원을 사용하기에 지속성이 있다. 기업이 성장하면 일자리가 늘어난다. 자연스럽게. 지속 가능하게.

스펙 경쟁은 필요하다. 대학 서열화도 필요하다. 왜? 능력을 평가하는 기준이 필요하기 때문이다. 완벽한 기준은 없다. 하지만 기준은 필요하다. 스펙과 학벌이 그 기준이 된다.

그러나 과도한 학벌주의는 경계해야 한다. 학벌이 전부가 되어서는 안 된다. 능력을 보는 다른 기준도 필요하다. 균형이 중요하다.

20 대는 왜 보수화되었는가

처칠의 말을 빌리자면, '20 대에 진보가 아니면 심장이 없는 것이고, 40 대에 보수가 아니면 뇌가 없는 것이다.' 하지만 지금 20 대들은 보수적이다. 왜? 진보의 정책과 정치에 반감과 배신감을 느끼고 있기 때문이다.

공정을 외쳤지만 불공정을 경험했다. 평등을 말했지만 역차별을 당했다. 미래를 약속했지만 현실은 더 나빠졌다. 청년들은 진보를 믿었다. 하지만 배신당했다. 그래서 보수로 돌아섰다. 청년 보수가 늘어나고 있다.

조국 사태가 대표적인 배신감 사례다. 조국. 문재인 정부의 법무부 장관 후보자였다. 진보 진영의 상징이었다. 공정과 정의를 말했다.

하지만 드러난 것은? 자녀 입시 의혹. 위조 인턴 증명서 논란. 사모펀드 의혹. 특혜와 위선. 청년들이 가장 싫어하는 것들이었다.

청년들은 분노했다. '공정을 말하던 사람이 이런 짓을 했다고?' 배신감이었다.

진보는 조국을 지켰다. 검찰 개혁을 말하며, 정치 탄압이라고 했다. 하지만 청년들은 봤다. 불공정을. 특혜를. 위선을. 그래서 등을 돌렸다. 진보에서 보수로.

문재인 정부 5 년 동안 청년들은 무엇을 얻었는가? 더 비싼 집값. 더 어려운 취업. 더 심한 불공정. 약속했던 공정은 어디에 있는가? 청년을 위한 정책은?

결과만 보면 실패했다. 청년들은 느꼈다. '진보는 우리를 위하지 않는다.' 그래서 보수를 선택했다. 더 솔직하고, 더 현실적이며, 더 공정해 보였다.

청년의 정치 참여와 투표

청년들에게 정치는 멀다. 어렵고, 복잡하고, 나와는 상관없는 일처럼 느껴진다. 하지만 정치는 사실 우리 삶 그 자체다. 내가 사는 집, 내가 다니는 회사, 내가 받는 월급, 내가 꿈꾸는 미래. 모두 정치와 닿아 있다.

그래서 정치를 가깝게 만들어야 한다. 청년들이 쉽게 다가갈 수 있도록, 목소리를 낼 수 있도록 말이다. 투표만이 정치 참여의 전부는 아니다. 청원도, 토론도, 정책 제안도 모두 정치 참여다. 다양한 참여 제도가 활성화되어야 한다.

요즘 청년들은 SNS 로 정치를 이야기한다. 유튜브에서, 인스타그램에서, 틱톡에서. 광장에 나가지 않아도, 집회에 참여하지 않아도 자기 방에서 목소리를 낸다. 기성세대는 이것을 정치 참여로 인정하지 않을지 모른다. 하지만 이것도 분명 정치 참여다. 시대가 바뀌었다. 참여의 방식도 달라졌다.

그런데 정작 20 대 투표율은 낮다. 왜일까?

정치 피로 때문이다. '투표해서 뭐가 바뀌냐'는 회의감 때문이다. 정권이 바뀌어도 우리 삶은 나아지지 않았다. 보수든 진보든 결과는 비슷했다. 청년들은 그걸 지켜봤다. 그래서 회의적이다. '투표해 봤자 뭐가 달라지겠어?' 이 생각이 투표장으로 가는 발걸음을 멈추게 한다.

하지만 포기하면 안 된다.

투표해야 바뀐다. 목소리를 내야 들린다. 침묵하면 기성세대가 우리를 대신 결정한다. 그들의 이익을 위해서. 우리의 이익은 뒷전이다. 피곤해도, 회의적이어도 참여해야 한다. 그것만이 바꾸는 방법이다.

기존 정당은 청년을 제대로 대변하지 못하고 있다. 대부분의 정치인이 기성세대다. 청년 정치인은 소수고, 목소리는 작다. 그렇다면 어떻게 해야 할까? 기다리지 말고 직접 들어가야 한다. 청년들이 정당에 가입하고, 당원이 되고, 당직을 맡으며, 정책을 제안해야 한다. 그래야 청년의 목소리가 정당 안에 스며든다.

세대 갈등과 자산 격차

세대론은 중요하다. 세대에 따라 정치, 경제, 사회, 문화를 보는 틀이 완전히 다르기 때문이다. 50 대가 겪은 한국과 20 대가 겪은 한국은 같은 나라지만 다른 세계다. 그래서 세대로 나눠서 보는 것은 의미가 있다.

기성세대와 청년 세대의 갈등은 존재한다. '요즘 애들은 노력을 안 해'라고 기성세대가 말한다. '꼰대들은 우리를 이해 못 해'라고 청년 세대가 반발한다.

서로 이해하지 못한다. 다른 세계를 살았으니까. 갈등은 있다. 부정할 수 없다. 인정하고 풀어야 한다.

특히 자산 격차가 심각하다. 부모 세대는 부동산을 가졌다. 집값이 올랐고 자산이 늘었다. 하지만 청년 세대는 집을 살 수 없다. 부동산에 접근조차 못한다. 세대 간 자산 격차가 벌어진다. 부모는 부유하고, 자녀는 가난하다. 같은 가족인데 자산은 천차만별이다.

세대 간 부의 이전은 당연하다. 부모가 이룬 것이기에 물려줄 권리도 부모에게 있다. 국가가 과도하게 개입해서는 안 된다. 상속세를 지나치게 매기거나 증여를 규제하는 것은 재산권 침해다. 부모가 자식에게 물려주는 것은 자연스럽다. 막을 필요가 없다.

하지만 계층 이동의 사다리는 현재 끊어져 있다. 부모가 부유하면 자식도 부유하고, 부모가 가난하면 자식도 가난하다. 노력으로 극복할 수 없다. 금수저는 계속 금수저, 흙수저는 계속 흙수저다. 이 사다리를 다시 연결해야 한다. 노력하면 올라갈 수 있게, 능력으로 계층을 바꿀 수 있게 해야 한다. 그것이 공정한 사회다.

청년과 결혼, 그리고 저출산

청년들이 결혼을 포기한다. 왜일까? 자산 문제다. 집이 없고, 자산을 일궈 놓기가 어렵다 보니 결혼을 자연스럽게 포기한다.

결혼하려면 집이 필요하다. 안정된 직장이 필요하다. 저축이 필요하다. 하지만 청년들은 이 모든 것이 없다. 그래서 결혼을 미룬다. 미루다 보면 포기하게 된다.

10 장에서 청년 주거 문제를 다뤘다. 집을 살 수 없는 청년들, 전세도 구하기 어렵고 월세는 부담스럽다. 이런 상황에서 어떻게 결혼하겠는가? 불가능하

다. 집 문제를 해결해야 결혼이 늘어난다. 공급을 늘리고, 청년 주거를 지원하며, 대출을 완화해야 한다.

저출산 문제는 심각하다. 합계 출산율 0.7 명대, 세계 최저 수준이다. 이대로 가면 나라가 위태롭다. 인구가 줄어들고, 경제가 무너지며, 국가 존립이 흔들린다.

하지만 정부의 저출산 대책은 효과가 없다. 왜일까? 근본 원인을 해결하지 않기 때문이다.

돈을 준다고 되는 것이 아니다. 출산 장려금, 육아 수당, 각종 지원금을 준다. 하지만 청년들은 아이를 낳지 않는다. 돈 때문이 아니기 때문이다. 환경 때문이다. 아이를 낳기 좋은 환경을 만들어야 한다. 집이 있고, 직장이 안정되며, 육아가 가능한 환경이 먼저다.

일과 육아의 양립이 중요하다. 아이를 키우면서도 일할 수 있는 환경이 필요하다. 어린이집, 유치원, 육아 휴직, 근무 시간 단축 등이 보장되어야 한다. 남성도 육아에 참여할 수 있어야 한다. 여성만 육아하는 것이 아니라 사회 전체가 육아를 지원해야 한다.

그래야 청년들이 아이를 낳는다. 돈이 아니라 환경이다.

청년 정책의 올바른 방향

청년 정책이 넘쳐난다. 청년 수당, 청년 지원금, 청년 할인, 청년 우대. 하지만 물어야 한다. 이것이 정말 청년들을 위하는 것인가? 아니면 단순히 청년 프레임을 씌워서 그럴듯하게 만든 정책인가? 진짜인지 가짜인지 판단해야 한다.

청년에게 돈을 주는 것이 해법인가? 나는 아니라고 본다.

청년 기본소득을 반대한다. 이재명 후보가 제안했던 정책으로, 청년에게 매달 일정 금액을 준다는 것이다. 일하든 안 하든, 노력하든 안 하든 말이다. 이것은 9 장에서 다룬 기본소득과 같다. 비효율적이고, 재정 낭비이며, 일할 의욕을 떨어뜨린다. 청년을 위한 정책이 아니라 포퓰리즘이다.

청년에게는 기회 제공이 중요하다.

시혜가 아니라 기회를 주어야 한다. 돈을 주는 것이 아니라 일할 기회를, 성장할 기회를, 성공할 기회를 주는 것이 진짜 청년 정책이다.

청년 주거 지원은 대체로 찬성한다. 10 장에서 말했듯이 청년 주거 안정이 중요하다. 집 걱정 없이 일하고, 공부하며, 미래를 준비할 수 있게 해야 한다. 이것은 시혜가 아니라 투자다. 청년의 미래를 위한 투자다.

청년 창업 지원에 매우 찬성한다. 청년들이 창업할 수 있도록 돕는 것이다. 자금 지원, 공간 제공, 멘토링, 규제 완화 등으로 청년 창업을 활성화해야 한다. 창업이 성공하면 일자리가 생기고, 경제가 성장하며, 청년이 기회를 잡는다. 이것이 진짜 청년 정책이다. 돈을 주는 것이 아니라 기회를 주는 것이다.

청년이 원하는 것은 무엇인가?

꿈꿀 수 있는 미래다. 지금은 꿈을 꿀 수 없다. 노력해도 안 될 것 같고, 미래가 보이지 않는다. 정치가 해야 할 일은 꿈을 꿀 수 있게 만드는 것이다. 노력하면 될 수 있다는 희망을 주는 것이다. 그리고 공정한 기회를 제공하는 것이다.

특혜가 아니라 기회.

시혜가 아니라 공정.

연줄이 아니라 능력.

그것이 청년이 원하는 정치다.

청년 보수의 정체성

청년 보수의 역할은 무엇일까? 나는 이렇게 생각한다. 청년층의 목소리를 대변하는 것. '청년은 진보적'이라는 편견을 깨는 것. 그리고 청년 보수도 여기 존재한다는 것을 보여 주는 것. 색깔론에 휘말리지 않고, 우리의 목소리를 내는 것.

'보수는 꼰대다.' '보수는 기득권이다.' 이런 말을 들을 때면 답답하다. 청년 보수는 다르다. 우리는 기득권이 아니다. 우리도 N 포 세대다. 우리도 집을 살 수 없고, 취업이 막막하다. 결혼을 포기하며, 미래가 불투명하다. 하지만 그럼에도 우리는 보수의 가치를 믿는다. 자유, 공정, 책임, 시장 원리. 이것이 옳다고 믿는다.

그렇다면 청년 보수가 기성 보수와 다른 점은 무엇일까? 우리는 현실을 안다. 청년의 문제를 지금, 이 순간 직접 겪고 있다. 기성 보수는 종종 청년을 이해하지 못한다. 그들의 시대와 지금이 다르다는 것을 모른다. 하지만 청년 보수는 안다. 우리가 청년이기에, 우리가 이 문제 속에서 살고 있기에.

청년 보수가 추구하는 것은 무엇인가? 기회의 평등이다. 능력에 따른 보상이다. 공정한 경쟁이다. 시장 원리를 존중하되 청년을 돕는 것이다. 규제를 줄이되 안전망은 만드는 것이다. 이것이 청년 보수의 가치관이다. 기성 보수보다 유연하고, 진보보다 현실적이라고 믿는다.

청년 보수가 할 일은 이것을 증명하는 것이다. 보수가 청년에게도 답이 될 수 있다는 것을, 보수의 가치가 청년의 미래를 만들 수 있다는 것을. 우리가 직접 보여 줘야 한다. 말이 아니라 행동으로, 정책으로, 참여로.

청년 정치는 나에게 책임을 가르쳤다

청년 정치는 나에게 책임을 가르쳤다. 미래는 우리가 만드는 것이라는 것을. 기성세대가 만들어 주지 않는다. 우리가 직접 만들어야 한다. 목소리를 내야 한다. 참여해야 한다. 투표해야 한다. 비판해야 한다. 제안해야 한다.

포기하면 바뀌지 않는다. 피로하지만 포기할 수 없다.

청년 세대는 대한민국의 미래다. 우리의 선택이 나라의 미래를 결정한다. 그래서 청년 정치는 중요하다. 그래서 우리의 목소리가 중요하다. 청년은 미래가 아니라 현재다. 지금 여기서 살고 있다. 지금 여기서 목소리를 내야 한다.

N 포 세대지만 정치는 포기하지 않는다. 피로하지만 참여한다. 절망적이지만 희망을 만든다. 그것이 청년 정치다.

청년 문제는 누구의 책임인가? 청년들이 주도적으로 해결해야 한다. 우리의 문제이기 때문이다. 우리가 나서야 한다. 하지만 기성세대도 도와야 한다. 그들이 만든 구조 안에서 우리가 살고 있기 때문이다. 그들의 정책이 우리에게 영향을 미치기 때문이다. 함께 풀어야 할 문제다.

그렇다면 희망은 있는가?

있다. 절망적이지만 희망은 있다. 포기하지 않으면 희망은 있다. 우리가 목소리를 내면 바꿀 수 있다. 투표하고, 참여하며, 비판하고, 제안한다. 그렇게 조금씩 바꿔 나간다.

청년 보수로서 우리의 가치를 증명한다. 공정하고, 자유로우며, 책임 있는 사회를 만든다. 시장 원리를 존중하되 청년을 돕는 정책을 제안한다. 이것이 우리가 만들어 갈 미래다.

청년 정치는 나에게 미래를 가르쳤다. 미래는 만들어 가는 것이라는 것을, 포기하지 않으면 희망이 있다는 것을.

이것이 청년 정치에 대한 나의 생각이고, 보수로서 내가 지키는 열한 번째 가치다.

2부 12장: 기회 — 노력이 보상받는 사회

기회란 무엇인가

기회는 현실이다. 희망은 이상이다.

희망은 꿈이고 바람이다. 언젠가, 어쩌면 이루어질 수도 있는 것. 하지만 기회는 다르다. 기회는 지금 여기에 있다. 손을 뻗으면 잡힌다. 만질 수 있다. 그래서 현실이다.

희망만으로는 부족하다. 희망을 현실로 만들 수 있는 기회가 있어야 한다. 그것이 진짜 기회다. 청년들에게 희망을 이야기하는 것만으로는 안 된다. 구체적인 기회를 줘야 한다. 손에 잡히는 기회를. 발 딛고 올라설 수 있는 기회를.

기회의 균등은 완전하지 않다. 앞에서 말했다. 5장과 7장에서. 기회의 균등은 기본이지만 완전할 수는 없다고. 출발선이 다르니까. 부모의 경제력이 다르고, 자라난 환경이 다르며, 주어진 자원이 다르다. 완전히 같을 수는 없다. 현실이 그렇다.

하지만 완전을 향해 나아가야 한다. 완전한 기회의 균등은 불가능하다. 그래도 최대한 가까이 가야 한다. 조금씩이라도 더 균등하게 만들어야 한다. 포기가 아니라 추구다. 완전은 불가능해도, 개선은 가능하다. 조금씩 나아지게 만들 수 있다.

기회와 결과는 다르다. 5장과 7장에서 말했다. 기회는 균등해야 하지만, 결과는 다를 수 있다고. 능력에 따라, 노력에 따라, 결과는 달라진다. 그것은 공정하다. 같은 기회를 주되, 결과의 차이는 인정한다. 이것이 기회의 본질이다.

노력이 보상받는 사회

노력하면 성공할 수 있어야 한다. 노력이 배신하지 않는 사회가 되어야 한다.

지금은 어떤가? 노력해도 안 될 것 같다는 생각이 든다. 아무리 공부해도, 아무리 일해도, 성공은 멀게만 느껴진다. 그것이 문제다.

노력의 가치가 무너지면 사회가 무너진다. 노력해도 소용없다고 느끼면, 아무도 노력하지 않는다. 왜 노력하겠는가? 어차피 안 되는데. 운이 좋거나, 부모가 부자이거나, 연줄이 있어야 성공한다면? 노력할 이유가 없다. 사회가 정체된다. 발전이 멈춘다.

노력이 의미 있어야 한다. 노력하면 더 나은 삶을 살 수 있어야 한다. 그것이 건강한 사회다.

나는 능력주의를 믿는다. 능력 있는 사람이 인정받아야 한다. 노력한 사람이 보상받아야 한다. 그것이 공정이고, 그것이 기회다.

5장에서 말했다. 공정은 과정이라고. 결과가 아니라 과정. 능력으로 평가하는 것. 노력을 인정하는 것. 이것이 공정이고, 이것이 노력을 보상하는 것이다. 기회도 마찬가지다. 노력할 기회를 주고, 노력을 정당하게 평가하며, 노력에 따라 보상한다. 이것이 기회가 보장된 사회다.

지금 청년들을 보자. 11 장에서 말했다. N 포 세대라고. 노력해도 안 될 것 같아서 포기한다. 이것이 가장 큰 문제다. 노력의 가치를 회복해야 한다. 노력하면 된다는 믿음을 줘야 한다. 그것이 기회를 보장하는 첫걸음이다.

기회와 운

운도 중요하다. 아무리 노력해도 운이 나쁘면 실패할 수 있다. 반대로 운이 좋으면 노력 없이도 성공할 수 있다. 그것이 현실이다. 부정할 수 없다.

좋은 부모 밑에 태어나는 것도 운이다. 좋은 시대에 태어나는 것도 운이다. 좋은 기회를 우연히 만나는 것도 운이다.

하지만 운이 큰 부분을 차지해서는 안 된다. 운이 전부가 되는 사회. 노력보다 운이 중요한 사회. 그런 사회는 잘못됐다. 로또 같은 사회. 당첨되면 성공하고, 아니면 실패하는 사회. 노력은 의미 없고, 운이 전부인 사회. 그것은 건강한 사회가 아니다.

운은 변수다. 노력이 상수여야 한다.

노력하면 성공 확률이 높아져야 한다. 운이 좋으면 더 좋은 것이고, 운이 나빠도 노력으로 버틸 수 있어야 한다. 노력이 기본이고, 운은 추가인 것. 이것이 정상이다.

운에 기대는 것이 아니라 노력에 기반하는 것. 그것이 기회가 보장된 사회다. 물론 운을 완전히 없앨 수는 없다. 하지만 운의 영향을 줄일 수는 있다. 어떻게? 기회를 균등하게 만들어서. 교육을 보장해서. 출발선을 최대한 같게 만들어서. 그러면 운보다 노력이 더 중요해진다.

부모 찬스도 운의 일종이다. 부모가 부자인 것. 연줄이 있는 것. 이것도 운이다. 11 장에서 말했다. 부의 이전은 당연하다고. 하지만 그것이 모든 것을 결정해서는 안 된다. 부모 찬스가 있어도 노력 없으면 실패할 수 있고, 부모 찬스가 없어도 노력하면 성공할 수 있어야 한다. 그것이 균형이다.

출발선이 다른 현실

출발선이 다르다. 현실이다.

부모가 부자인 사람과 가난한 사람. 서울에서 태어난 사람과 지방에서 태어난 사람. 좋은 학교를 간 사람과 그렇지 못한 사람. 출발선이 다르다. 7 장에서 말했다. 평등에서. 이 불평등은 어느 정도 보정해야 한다고.

완전히 같게 만들 수는 없다. 하지만 너무 극단적인 격차는 줄여야 한다. 금수저와 흙수저의 격차가 너무 크면? 노력해도 극복할 수 없다. 아무리 노력해도 금수저를 따라잡을 수 없다. 그러면 포기한다. 노력할 의미가 없으니까.

최소한의 출발선은 보장해야 한다. 가난해도 교육받을 수 있고, 지방에 살아도 기회를 잡을 수 있으며, 부모가 가난해도 꿈을 꿀 수 있어야 한다. 그것이 기회의 보장이다. 완전히 같게 만드는 것이 아니라, 최소한을 보장하는 것. 7 장의 평등 개념과 같다.

9 장에서 말했다. 복지는 최소한의 안전망이라고. 기회도 마찬가지다. 최소한의 기회는 모두에게 보장되어야 한다. 부모가 가난해도, 지방에 살아도, 최소한의 교육을 받고, 최소한의 기회를 잡을 수 있어야 한다. 그 이상은? 노력으로 만드는 것이다.

11 장에서 말했다. 계층 이동의 사다리가 끊어졌다고. 이것을 다시 연결해야 한다. 어떻게? 출발선을 최대한 균등하게 만들어서. 최소한을 보장해서. 그러면 노력으로 올라갈 수 있다. 사다리가 다시 연결된다.

교육, 기회의 사다리

교육은 계층 이동을 가능하게 하는 출발선이다. 가난한 집에 태어났어도 교육을 받으면 성공할 수 있다. 부모가 가난해도 자식은 부자가 될 수 있다. 그것이 교육의 힘이다. 11 장에서 말했듯이, 끊어진 계층 이동의 사다리를 다시 연결해야 한다. 그 사다리가 바로 교육이다.

그런데 지금 한국 교육은 기회의 사다리 역할을 제대로 하지 못하고 있다. 사교육 의존도가 너무 높기 때문이다. 돈이 있으면 좋은 교육을 받는다. 학원을 다니고, 과외를 받으며, 좋은 대학에 간다. 돈이 없으면? 공교육만으로는 부족하다. 경쟁에서 밀린다. 좋은 대학에 가기 어렵다. 교육이 계층을 고착화하는 도구가 되어버린 셈이다.

공교육을 강화해야 한다. 돈이 없어도 좋은 교육을 받을 수 있게, 사교육 없이도 성공할 수 있게 만들어야 한다. 어떻게? 교육 예산을 늘려야 한다. 교사를 더 뽑고, 시설을 개선하며, 교육 프로그램을 확충한다. 공교육의 질을 높인다. 그러면 사교육 없이도 경쟁할 수 있다. 출발선이 다시 평평해진다.

대학 입시는 정시 비중을 늘려야 한다. 정시가 더 공정하기 때문이다. 수능 점수로 평가한다. 명확하다. 객관적이다. 수시는? 학생부, 자기소개서, 면접으로 평가한다. 주관적이다. 불투명하다. 부모 찬스가 개입할 여지가 있다. 스펙을 쌓는 데 돈이 든다. 정시는 다르다. 능력으로만 평가한다. 그것이 공정이다.

자사고와 특목고는 유지해야 한다. 다양성 때문이다. 모두가 같은 학교에 갈 필요는 없다. 재능이 다르고, 관심이 다르며, 진로가 다르다. 과학에 재능 있는 학생은 과학고에, 외국어에 재능 있는 학생은 외고에 보낸다. 다양한 선택지를 주는 것, 그것이 기회를 확대하는 것이다. 획일화가 아니라 다양화. 그것이 교육이 기회의 사다리가 되는 길이다.

청년에게 기회를

청년의 기회는 보장되어야 한다. 11 장에서 말했듯이, 청년들은 N 포 세대다. 꿈을 포기하고, 집을 포기하며, 결혼을 포기한다. 왜? 기회가 없어서다. 노력해도 안 될 것 같아서다. 이것을 바꿔야 한다. 청년들에게 일자리를, 주거를, 미래를 주어야 한다. 청년들이 다시 꿈꿀 수 있게 만들어야 한다.

11 장에서 말했듯이, 민간 일자리 창출이 중요하다. 기업에 투자해서 일자리를 만드는 것, 지속 가능한 일자리를 만드는 것이다. 공무원 자리를 늘리는 게 아니다. 시장에서 만들어지는 진짜 일자리, 청년들이 성장할 수 있는 일자리를 만드는 것이다. 청년들이 취업할 수 있는 기회, 이것이 첫 번째 기회다.

10 장에서 말했듯이, 청년 주거 지원이 필요하다. 집 걱정 없이 일하고 공부할 수 있게 해야 한다. 이것이 두 번째 기회다. 주거가 안정되어야 미래를 준비할 수 있다. 창업도, 결혼도, 출산도 주거가 기반이다. 월세 걱정에 꿈을 접는 청년이 없어야 한다.

청년 창업 지원도 필요하다. 11 장에서 말했듯이, 청년들이 창업할 수 있게 돕는 것이 중요하다. 자금 지원, 공간 제공, 멘토링, 규제 완화가 필요하다. 이것이 세 번째 기회다. 창업은 기회를 만드는 것이다. 스스로 기회를 창조하는 것이다. 그것을 돕는 것이 청년에게 기회를 주는 것이다.

청년이 희망을 잃으면 나라가 희망을 잃는다. 청년에게 기회를 주는 것이 곧 나라의 미래를 만드는 것이다. 9 장에서 말했듯이, 청년에게 투자하는 것은 미래 세대를 위한 투자다. 기회도 마찬가지다. 청년에게 기회를 주는 것, 그것이 미래를 만드는 것이다.

실패와 재기의 기회

한 번의 실패가 영원한 실패가 되어서는 안 된다. 9 장에서 말했듯이, 복지는 다시 일어설 기회를 주는 것이다. 기회도 마찬가지다. 실패해도 다시 일어설 기회를 줘야 한다. 한 번 넘어졌다고 끝이 아니다. 다시 일어나서 도전할 수 있어야 한다.

창업 실패에 대한 안전망이 필요하다. 창업했다가 실패하면 빚이 남는다. 신용불량자가 된다. 그러면? 다시 일어서기 어렵다. 대출도 못 받고, 취업도 어려우며, 재창업은 거의 불가능하다. 이것은 잘못됐다. 도전한 사람을 벼랑 끝으로 내모는 사회에서 누가 도전하겠는가.

실패를 용인하는 사회가 되어야 한다. 실패는 부끄러운 것이 아니다. 도전의 결과다. 실패했다는 것은 도전했다는 뜻이다. 그것을 존중해야 한다. 실패를 용인하고, 재도전을 격려하며, 다시 일어설 기회를 준다. 그것이 건강한 사회다.

신용불량자, 파산자에게도 재기 기회를 줘야 한다. 단, 신용불량과 파산의 이유가 정당하다면 말이다. 사기를 치거나 범죄를 저지른 것이 아니라면, 사업 실패, 실직, 질병 같은 정당한 이유로 신용불량이 되었다면 재기 기회를 줘야 한다. 신용을 회복할 수 있게, 다시 도전할 수 있게 해야 한다.

어떻게? 파산 후 일정 기간이 지나면 신용을 회복시킨다. 재창업 지원 프로그램을 만든다. 실패한 창업자에게 다시 기회를 준다. 실패를 경험으로 인정한다. 그러면 실패를 두려워하지 않고 도전할 수 있다. 그것이 기회를 확대하는 것이다. 한 번의 기회가 아니라 여러 번의 기회를, 실패해도 다시 일어설 수 있는 사회를 만들어야 한다.

보수의 기회 정책

보수의 기회 정책, 그 핵심은 무엇인가? 의지가 있고 현실적으로 가능한 이들을 돕는 것이다. 모두를 돕는 것이 아니다. 정말 필요한 사람을, 정말 노력하는 사람을, 정말 하고 싶어 하는 사람을 돕는 것이다. 보편적 지원이 아니라 선별적 지원. 시혜가 아니라 기회를 주는 것이다.

9 장에서 말했듯이, 선별적 복지를 지지한다. 기회 정책도 마찬가지다. 모두에게 기회를 주는 것이 아니라, 정말 필요한 사람에게, 정말 노력하는 사람에게 기회를 주는 것이다. 노력하는 사람에게 기회를 주는 것, 그것이 보수의 기회 정책이다.

능력과 노력에 따라 보상한다. 공정하게 경쟁할 수 있게 한다. 출발선을 최대한 균등하게 만든다. 하지만 결과의 차이는 인정한다. 노력한 사람이 더 받는 것, 그것은 당연하다. 5 장과 7 장에서 말했듯이, 기회는 균등하게, 결과는 능력에 따라 분배되어야 한다.

10 장에서 말했듯이, 시장 원리를 존중해야 한다. 기회도 마찬가지다. 정부가 모든 기회를 만들 수는 없다. 시장이 기회를 만든다. 기업이 일자리를 만들고, 민간이 창업을 하며, 시장이 성장한다. 정부는 최소한만 개입한다. 출발선을 보장하고, 안전망을 만들며, 규제를 푼다. 그것이 보수의 기회 정책이다.

11 장에서 말했듯이, 청년 보수의 정체성은 기회를 강조하는 것이다. 시혜가 아니라 기회를 주는 것. 돈을 주는 것이 아니라 일할 기회를, 성장할 기회를, 성공할 기회를 주는 것이다. 이것이 청년 보수가 추구하는 것이고, 보수의 기회 정책이 지향하는 것이다.

기회는 나에게 현실을 가르쳤다

희망만으로는 부족하다. 기회가 있어야 한다.

이상만 말해서는 안 된다. 현실적으로 기회를 만들어야 한다. 청년들에게 '희망을 가져라'고 말하는 것만으로는 안 된다. 구체적인 기회를 줘야 한다. 일자리를, 주거를, 창업 지원을. 손에 잡히는 기회를. 발을 디딜 수 있는 현실적인 기회를.

완전한 기회의 균등은 불가능하다. 하지만 최대한 보장해야 한다.

출발선을 완전히 같게 만들 수는 없다. 부모가 다르고, 환경이 다르며, 자원이 다르다. 이건 현실이다. 하지만 최소한은 보장할 수 있다. 가난해도 교육받을 수 있고, 지방에 살아도 기회를 잡을 수 있으며, 한 번 실패해도 다시 일어설 수 있게. 이것은 가능하다. 해야 한다.

노력이 의미 있는 사회. 노력하면 성공할 수 있는 사회. 노력이 배신하지 않는 사회.

그것이 기회가 보장된 사회이고, 보수로서 내가 만들고 싶은 사회다. 운이 전부가 아니라 노력이 중요한 사회. 부모 찬스가 전부가 아니라 능력이 인정받는 사회. 한 번의 실패가 전부가 아니라 재도전할 수 있는 사회.

구체적인 방법이 있다.

교육을 강화한다. 공교육을 살린다. 정시를 늘린다. 자사고와 특목고를 유지한다. 청년에게 일자리를 준다. 민간 일자리를 만든다. 주거를 지원한다. 창업을 돕는다. 실패를 용인한다. 재기 기회를 준다.

이것들이 기회를 만드는 방법이다. 이상이 아니라 현실적인 방법이다.

이것이 기회에 대한 나의 생각이고, 보수로서 내가 지키는 열두 번째 가치다. 2부의 마지막 가치다.

안보에서 시작해서 기회로 끝난다. 안보는 생존의 문제고, 기회는 미래의 문제다. 둘 다 현실적이다. 이상이 아니라 현실. 꿈이 아니라 실천. 그것이 보수의 가치다.

기회는 나에게 현실을 가르쳤다.

희망만으로는 부족하다는 것을. 구체적인 기회가 필요하다는 것을. 완전은 불가능하지만 개선은 가능하다는 것을. 포기하지 않고 조금씩 나아가면 된다는 것을.

그것이 기회다. 현실적이고, 구체적이며, 실천 가능한 것. 그것이 진짜 기회다.

2부 에필로그: 보수로 산다는 것 ― 20대의 정치 노트를 마치며

왜 이 책을 썼는가

이 책을 쓴 이유는 단순했다. 우리의 이야기를, 청년 세대의 생각을 담은 책이 없었기 때문이다.

정치 평론가들의 책은 많다. 정치인들의 회고록도 넘친다. 하지만 우리의 이야기는 없었다. 25살 청년의 생각. 6개 정권을 온몸으로 겪어낸 세대의 목소리. 두 번의 탄핵을 광장에서, 뉴스 앞에서, SNS로 목격한 세대의 고민. 그래서 썼다.

이 책을 통해 청년 세대의 한 사람으로서 내 생각이 많은 이들에게 닿기를 바랐다. 동의하지 않아도 괜찮다. 비판해도 괜찮다. 다만 읽어 주길 바랐다. 우리도 생각한다는 것을, 우리도 고민한다는 것을.

청년은 정치에 무관심하다고들 한다. 투표율이 낮고, 정치에 관심이 없으며, 미래를 포기했다고. 하지만 그렇지 않다. 우리도 생각한다. 우리도 고민한다. 다만 표현할 기회가 없었을 뿐이다. 이 책이 그것을 보여주기를 바랐다.

25 살에 회고록을 쓴다는 것. 이른 것 아닌가? 하지만 나는 지금이 적기라고 생각했다. 6 개 정권을 경험했다. 두 번의 탄핵을 목격했다. 청년 세대의 고민을 지금, 이 순간 직접 겪고 있다. 지금의 생각, 지금의 고민, 지금의 목소리. 그것을 기록하고 싶었다. 30 살이 되면 또 다른 이야기를 쓰겠지만, 25 살의 이야기는 지금이 아니면 쓸 수 없다.

집필 과정

이 책을 작성하는 데는 오래 걸리지 않았다. 현대 사회의 발전 덕분에 내 생각을 정리해 줄 수 있는 인공지능 소프트웨어들이 있다. Claude 라는 인공지능을 사용했다. 내 생각을 정리하고, 문장을 다듬으며, 구조를 잡는 데 도움을 받았다.

그렇다고 이 책을 전부 인공지능으로 작성한 것은 아니다. 모든 생각은 내 것이다. 모든 가치관은 내가 고민하고 형성한 것이다. 인공지능은 도구일 뿐이다. 펜과 종이 대신 키보드와 인공지능을 사용한 것뿐이다. 과거 작가들이 타자기를 사용했듯이.

이 책을 쓰는 데는 11 월 3 일부터 11 월 20 일까지 18 일이 걸렸다. 거의 쉼 없이 달려왔다. 이 기간 동안 나는 내 생각을 정리했다. 25 년 동안 쌓인 경험을, 6 개 정권을 거치며 형성된 가치관을, 청년 보수로서의 고민을 글로 옮겼다.

쉽지 않았다. 매일 글을 썼다. 1 부에서 6 개 정권을 회고하고, 2 부에서 12 개 가치를 정리했다. 각 장마다 내 생각을 명확히 해야 했고, 논리를 세워야 했으며, 진정성을 담아야 했다. 때로는 막히기도 했고, 때로는 생각이 정리되지 않아 새벽까지 키보드 앞에 앉아 있기도 했다. 하지만 멈추지 않았다. 18 일 동안 쉼 없이 달렸다.

1 부와 2 부를 돌아보며

1 부에서 나는 6 개 정권을 지나왔다. 노무현, 이명박, 박근혜, 문재인, 윤석열, 그리고 이재명. 초등학생부터 25 살까지. 정치적 혼란과 안정을 오가며, 탄핵과 정권 교체를 반복하며. 그 과정에서 나는 배웠다. 정치가 삶과 직결되어 있다는 것을. 정치는 뉴스 속 이야기가 아니라, 우리의 일상이라는 것을.

2 부에서 나는 12 개 가치를 말했다. 안보, 한미 관계, 한일 관계, 민주주의, 공정성, 자유, 평등, 성평등, 복지, 부동산, 청년 정치, 기회. 이것이 내가 믿는 것들이고, 보수로서 내가 지키려는 것들이다. 자유를 최우선으로. 책임 있는 자유를. 공정한 과정을. 시장의 원리를. 현실주의를.

1 부의 경험이 2 부의 가치를 만들었다. 6 개 정권을 경험하지 않았다면, 이런 가치관을 갖지 못했을 것이다. 경험이 사상을 만들었다. 삶이 가치관을 형성했다. 노무현 정권에서 안보의 중요성을 배웠고, 문재인 정권에서 공정의 의미를 절실히 깨달았으며, N 포 세대로 살아가며 기회의 필요성을 온몸으로 느꼈다.

완벽하지 않음을 인정하며

완벽하지 않다. 모순도 있다. 자유와 안보 사이에서, 공정과 평등 사이에서, 시장과 복지 사이에서 갈등한다. 완벽한 균형은 없다. 어쩌면 영원히 찾지 못할지도 모른다.

확신보다 질문이 많아졌다. 어린 시절에는 확신했다. 이것이 맞고 저것이 틀리다고. 흑과 백으로 나눴다. 하지만 지금은 질문한다. 정말 그럴까? 다른 방법은 없을까? 내가 틀렸을 수도 있지 않을까?

질문이 많아졌다는 것은 회색 지대가 보이기 시작했다는 뜻이다. 그리고 그것이 성장이라고 믿는다. 단순한 확신에서 복잡한 질문으로. 이것이 성숙이다.

완벽하지 않아도 생각해야 한다. 불완전해도 고민해야 한다. 그것이 정치에 참여하는 것이고, 시민으로 사는 것이다.

25 살 보수로 산다는 것

25 살 보수로 산다는 것은 쉽지 않다. '청년은 진보적이어야 한다'는 편견. '보수는 꼰대다'는 오해. '20 대가 무슨 보수냐'는 비난. 때로는 같은 세대 친구들에게서, 때로는 기성 보수 진영에서 어디에도 속하지 못한 듯한 기분을 느낀다.

하지만 나는 보수다. 왜? 보수의 가치를 믿기 때문이다. 자유를, 책임을, 공정을, 시장을.

청년이라고 진보여야 하는가? 아니다. 청년도 보수일 수 있다. 나는 그것을 증명하고 싶었다. 이 책으로.

기성 보수와는 다르다. 우리는 N 포 세대다. 연애, 결혼, 출산을 포기한 세대. 내 집 마련을 꿈도 꾸지 못하는 세대. 하지만 그럼에도 보수의 가치를 믿는다. 이것이 청년 보수의 정체성이다. 현실의 고통을 알면서도 보수의 가치를 지키는 것. 절망 속에서도 자유와 책임을 말하는 것. 그것이 청년 보수다.

독자들에게

독자들에게 좋은 책이 되었으면 좋겠다. 동의하지 않아도 괜찮다. 하지만 대화의 시작이 되었으면 한다. '그래, 청년들도 이렇게 생각하는구나.' '보수도 이런 고민을 하는구나.'

이해하지 않아도 괜찮다. 다만 듣기는 해 주길. 우리도 목소리를 내고 있다는 것을. 우리도 이 사회의 구성원이라는 것을.

같은 청년 세대에게는 특히 말하고 싶다. 정치를 포기하지 말자. 피로하다. 지겹다. 하지만 외면할 수 없다. 우리의 미래가 달려 있다. 보수든 진보든, 중도든 상관없다. 생각하자. 고민하자. 질문하자. 그것이 우리 세대가 할 일이다.

N 포 세대지만 정치는 포기하지 말자. 피로하지만 참여해야 한다. 절망적이지만 희망을 만들어야 한다. 아무도 우리에게 미래를 선물하지 않는다. 우리가 만들어야 한다.

이 책 이후

이 책 이후에도 나는 계속해서 질문하며 답을 찾아가고자 한다. 25 살의 답이 30 살의 답과 같을까? 아마 다를 것이다. 나이가 들면서 생각도 바뀔 것이다. 경험이 쌓이면서 가치관도 변할 것이다. 그것이 삶이고, 그것이 정치다.

변하지 않을 것도 있다. 자유의 가치. 책임의 중요성. 공정에 대한 신념. 이것들은 변하지 않을 것이다. 하지만 나머지는 계속 질문하고, 계속 고민하며, 계속 답을 찾아갈 것이다.

안보와 자유의 균형. 평등과 공정의 조화. 복지와 시장의 공존. 이런 것들은 평생 고민할 것이다. 완벽한 답은 없다. 하지만 더 나은 답을 찾아갈 것이다. 질문을 멈추지 않는 것, 그것이 내가 할 수 있는 최선이다.

20 대의 정치 노트를 덮으며

이것은 끝이 아니라 시작이다. 25 살의 기록이지만, 앞으로의 여정을 위한 출발점이다. 질문은 계속될 것이다. 고민도 계속될 것이다. 하지만 포기하지는 않을 것이다.

정치는 우리의 삶이다. 외면할 수 없다. 참여해야 한다.

이것이 나의 정치 노트이고, 20 대의 정치 노트다. 완벽하지 않지만 솔직하다. 확신보다 질문이 많지만 진정성이 있다. 읽어 주셔서 감사하다. 함께 고민해 주셔서 감사하다. 우리의 정치, 우리의 미래를 함께 만들어 가길.

이 책은 25 살 임서하의 정치 노트다. 불완전하지만 진정성 있는, 확신보다 질문이 많지만 솔직한, 완벽하지 않지만 현실적인 정치 노트다.

12 개의 가치. 안보에서 시작해서 기회로 끝난다. 안보는 생존의 문제고, 기회는 미래의 문제다. 둘 다 현실적이다. 이상이 아니라 현실. 꿈이 아니라 실천. 그것이 보수의 가치다.